Ideen, Impulse und Beispiele für Friedensaktivisten & Weltverbesserer und solche, die es werden wollen

Andrea Drescher

Impressum

Bibliografische Information der Deutschen Nationalbibliothek:
Die Deutsche Nationalbibliothek verzeichnet diese Publikation in der
Deutschen Nationalbibliografie; detaillierte bibliografische Daten sind
im Internet über dnb.dnb.de abrufbar.

©2018 Andrea Drescher
Herstellung und Verlag:
BoD – Books on Demand, Norderstedt

ISBN: 978-3-752-85168-7

Inhaltsverzeichnis

Frieden ist machbar. Nicht nur, aber auch zwischen Hund & Katz!

DANKE – als Einstieg in den Friedensaktivismus

Zunächst ein Danke an alle für ihre Arbeit. Nachhaltiger Friedensaktivismus bedeutet nunmal zumeist Arbeit.

Mein Dank gilt zuerst einmal denen, die durch ihre Mitarbeit an diesem Büchlein – wie Lektorat, Satz, Satzkorrektur ☺ und natürlich Grafik und Fotographie – namentlich Ute Brach, Ursi Eisenmann, Rue de Guerre, Franz Kriftner, Marion Lindert, Herbert Pointer, Wolfgang Süß und Martin Weinknecht sowie Wolfgang Walluch, die Friedensstimme Wien sowie Stefan Vardopoulos vom Redlight-Studio Frankfurt für die Hörbuchfassung – es erst möglich gemacht haben, dass es jetzt in finaler Form vorliegt. Hervorheben möchte ich auch Tommy Hansen und das Magazin Free21 – free21.org – in dem seit

2016 regelmäßig Friedensaktivisten vorgestellt werden, was die Basis für dieses Buch legte.

Danke auch an nuoviso.tv, city-werbung-nb.de, bioveganversand.at, die YouTuber meineWikiWelt und KlarsehenTV, gruppe42.com, eingeschenkt.tv, Paula P'Cay und Bilbo Calvez mit baerensuppe.berlin und pax-terra-musica.de, die dieses Friedensprojekt bei Vertrieb und Vermarktung unterstützen.

Ohne Spenden von Christiane Borowy (borowita.de), Grit Hallal (gemeinwohl-in-der-karriere.de), Dennis Hack (human-connection.org), die HELWIG Haus + Raum Planungs GmbH (helwig-architekten.de), Oliver Herkomer, Renate Kassner (renatekassner.de), Malte Klingauf (pax-terra-musica.de), Georg Lehrle, Monika Heck-Pleier, Lukas Puchalski (GlobalFairHandeln, free21abo.de), Klaus Schreiner (activist4you.at), Fee Strieffler (luftpost-kl.de), Christian und Silke Volgmann, Harda Wagner (aussergewoehnlich.de), Kerstin Wrobel (niefort.de) und zahlreichen Vorbestellern des Buches wäre die Erstauflage nicht so leicht zustande gekommen – danke dafür!

Mein besonderer Dank geht aber natürlich an alle, die durch ihren Aktivismus tagtäglich Beispiel geben. Meist still und leise, aber immer beispielgebend. Man wird aus den unterschiedlichsten Gründen zum Friedensaktivisten. Man heiratet, man stolpert über Widersprüche zwischen Wirklichkeit und Medienberichten, man war selbst im Krieg, man kann das tägliche Leid von Menschen und Tieren nicht ertragen.

So unterschiedlich die Motive sind, etwas für den Frieden zu tun, so unterschiedlich sind auch die Wege, die man gehen kann. Das ist auch gut so, denn es macht deutlich, dass jeder Mensch einen Weg Richtung Frieden finden kann. Den ganz eigenen Weg eben – wie die in diesem Buch vorgestellten Aktivisten eindrucksvoll demonstrieren. Man ist nie zu alt oder zu jung, zu arm, zu ungebildet, zu unerfahren, zu … „etwas" zu tun.

Es gibt schier unendliche Möglichkeiten sich zu engagieren, manchmal fehlt einfach die zündende Idee. Hier will „Wir sind Frieden" Abhilfe schaffen. Impulse geben, WAS alles möglich ist. Und das eben nicht theoretisch, sondern anhand konkreter Menschen, die konkrete Dinge tun. Nach einer (weitestgehend praktisch erprobten) Übersicht über Handlungsmöglichkeiten, die man in den verschiedensten Themen- und Lebensbereichen hat – **Veränderung durch Jedermann** – geht es in medias res. Im Kapitel **Wir tun ...** werden einzelne Menschen und ihr Handeln vorgestellt. In **Zusammenhalt gegen Bauernsterben & für Umweltschutz** wird eine ländliche Genossenschaft vorgestellt, deren Mitglieder sich zusammengeschlossen haben, um zum langfristigen Überleben ihres Berufsstandes und der Natur beizutragen. Dann folgt der Bericht **Wir fahren für den Frieden**, in dem Teilnehmerinnen der Friedensfahrt 2016 erklären, warum sie sich die Strapazen einer Fahrt von Berlin nach Moskau angetan haben und was (ihnen) diese Fahrt gebracht hat. Und zum Schluss werden in **Friedensarbeit konkret – am Beispiel Ukraine** verschiedene Hilfsprojekte vorgestellt.

Die Einnahmen aus diesem Buch kommen der Friedensbrücke-Kriegs-opferhilfe e. V. zugute, einer der im letzten Kapitel beschriebenen Organisationen, die sich darum bemühen, das Leid der Kriegsopfer zu lindern. Wer über den Kaufpreis hinaus spenden möchte – unter www.fbko.org findet man die Möglichkeit dazu.

Veränderung durch Jedermann

Jeder ist Teil der Veränderung, auch Du. Ja, Du!

Es geschieht so viel Unrecht auf der Welt – ich kann ja eh nichts ändern ...

... wer diese Grundhaltung hat, hat bereits verloren. Denn wer nichts tut, bleibt immer Opfer ... und muss sich vermutlich irgendwann die Frage gefallen lassen: „Und warum hast Du nichts getan?"

Es gibt so vieles, was so viele tun könnten. Nein: tun können. Natürlich nicht jede(r) alles – aber ... wenn jeder oder jede das ihm oder ihr Mögliche tut ... ist schon viel geschehen. Dann wird man automatisch ein Teil der Brombeerhecke! Und das ist ganz wichtig.

Im Folgenden nur einige der wichtigen Themenbereiche und einige der Möglichkeiten dort zu einer Verbesserung beizutragen. Ganz im Sinne von Gandhi: „Sei du selbst die Veränderung, die du dir wünschst für diese Welt."

Das kann jeder: Gedankenkraft zur Gestaltung nutzen

Es heißt, es sind bereits die Gedanken, die eine Veränderung der Welt bewirken. Man kann seine Gedanken auf einen positiven und gewünschten Endzustand ausrichten. Das mag zwar nicht einfach sein, aber mit ein wenig Übung sollte es jedem möglich sein. Zumindest diejenigen, die in der Lage sind, diesen Artikel zu lesen, haben keine Ausrede ☺.

Wie soll Mutter Teresa gesagt haben, als man sie aufforderte, an einer Aktion GEGEN Krieg teilzunehmen? „Für so etwas stehe ich nicht zur Verfügung, aber wenn ihr etwas FÜR den Frieden tun wollt, bin ich gerne dabei." Die bewusste Ausrichtung der Gedanken und Taten in Richtung einer „besseren Welt" kann vieles verändern. Aber das ist nur ein allererster Anfang.

Das Wirtschafts- und Finanzsystem verändern

Die Macht des Einzelnen wird gerade hier gerne unterschätzt. Würden bespielsweise nur 3 % (andere Wirtschaftsweise sagen 5 %) des Mittelstands ihr Geld von der Bank holen, würde das Finanzsystem in Österreich sofort zusammenbrechen. Aber auch zu einer weniger radikalen Veränderung des bestehenden Systems kann jeder beitragen. Auf vielfältige Art und Weise.

Zum Beispiel durch Mitgliedschaft bei Tauschkreisen wie WIR GEMEINSAM – und schon ist der eigene Geldbedarf und Geldfluss reduziert. Die gute alte Nachbarschaftshilfe wird auf organisatorisch vernünftige Füße gestellt – legal und effizient – und man macht sich unabhängig(er) vom bestehenden Finanzsystem. Verbindet man das Ganze dann noch mit der Regionalwirtschaft und wie zunehmend passiert mit der eigenen Gemeinde – schon werden regionale Wirtschaftskreisläufe gestärkt.

Zum Beispiel durch Konsumreduktion, bewussteres Einkaufen, „shoppen" im Second-Hand-Laden – wenn es mal wieder „sein muss", Wiederverwendung von Produkten, Verschenken des eigenen Überflusses, Handarbeit (ja, die gibt es noch), Besuch von Flohmärkten und Online-Plattformen, Kostnix-Läden im Internet und in der Realität … und und und.

Zum Beispiel durch aktive Teilnahme an Einkaufsgemeinschaften – der direkte Kauf beim Erzeuger nützt allen – und wenn man sich zusammentut, wird die Beschaffung der benötigten Güter für jeden handhabbar. Ob NETSWERK oder SOLIDARISCHE LANDWIRTSCHAFT (SoLaWi): Keiner kann mehr sagen, dass man dazu keinen Zugang hat.

Zum Beispiel durch die Wahl einer ökologischen oder gesellschaftspolitisch sozial ausgerichteten Bank – da gibt es in Deutschland mehrere, die ausschließlich in entsprechende Projekte investieren und z.B. auf Gewinne aus Lebensmittelspekulationen gerne verzichten. In Österreich hat die Bank für Gemeinwohl die rechtlichen Hürden genommen und befindet sich in erfolgreicher Gründung, mehr dazu unter mitgruenden.at.

Zum Beispiel durch Verzicht auf Kredit- und Scheckkarten und Rückkehr zur Zahlung mit Barmitteln, auch wenn das weniger bequem ist. Wer stolz von sich sagt, dass er in der Woche nur noch 20 Euro in bar ausgibt, macht genau das, was sich das Finanzsystem von ihm wünscht, er stellt die Bequemlichkeit über die Freiheit – die Folgen sind unabsehbar.

Zum Beispiel durch den Besuch von Repair-Cafés – falls es keines gibt, gründet man eben eines. So zeigt man der geplanten Obsoleszenz den virtuellen Mittelfinger, schont Ressourcen und trifft nebenbei noch Gleichgesinnte! Die Kombination von Repair-, Näh- und Kultur-Café – vielleicht sogar Sprach-Café für Flüchtlinge – macht solche Projekte gleich um ein Vielfaches attraktiver. Fragt einfach bei dem örtlichen Sozialverein – z. B. Volkshilfe – nach, ob man dort nicht bereit ist, als Träger zu agieren.

Diese Liste ließe sich beliebig verlängern – Vorschläge und Ideen werden gerne genommen!

Umwelt- und Naturschutz fördern

Auch hier wieder nur einige Möglichkeiten – aber es ist sicher: Jede(r) kann etwas Umsetzbares finden.

Es gibt sie: die ökologischen Energie-Anbieter, wenn man nicht die Möglichkeit hat, selbst in erneuerbare Energien zu investieren. Wer bewusst AKW-freien Strom konsumiert, hilft mit, auf die Fukushimas dieser Welt zu verzichten. Die Wiener ökostrom AG oder das Kärntner Familienunternehmen AAE (Alpe Adria Energie) sind schon länger mit 100 % erneuerbarer Energie unterwegs. Und nebenbei noch günstig.

Die bereits oben genannten Veränderungen im eigenen Konsumverhalten tragen ebenfalls zu einem kleineren ökologischen Fußabdruck unserer Gesellschaft bei. Je weniger man sinnlos konsumiert, desto schonender geht man mit der Natur um.

Wer Plastikmüll reduzieren möchte, kann das durch Einkauf am Bauernmarkt, beim Tante-Emma-Laden ums Eck (haben oft noch unverpackte Ware) oder in verpackungsfreien Geschäften aktiv unterstützen. Und wer dazu beitragen will, dass es in den Supermärkten weniger Plastikmüll gibt, teile das dem Betreiber doch einfach aktiv mit, indem man sämtliche Ware am Ende des Einkaufs auspackt und den unnützen Müll im Geschäft hinterlässt. Man stelle sich vor, das würden nur 10 % aller Konsumenten tun, wie schnell würden sich die Märkte für sinnvollere Verpackungen bei ihrem Lieferanten einsetzen?

Vegane, vegetarische oder zumindest biologische und reduzierte Ernährung im Hinblick auf Fleischkonsum schlägt sich direkt im Bereich

Massentierhaltung nieder. Artgerechte Haltung und Schlachtbedingungen, die einem nicht den Magen umdrehen, sind das Mindeste, was man fordern sollte. Wenn den „Dreck" keiner mehr „frisst", sind die Qual- und Tötungsmaschinerien zur Fleischproduktion obsolet. Tiere haben doch wohl zumindest ein Recht auf ein „lebenswertes Leben vor dem Tod".

Die zahllosen regionalen Tier- und Naturschutzorganisationen sind auf freiwillige, ehrenamtliche Mitarbeit angewiesen. Ob für die Waldpflege, das Sterben der Wale – es gibt unendlich viele Themen, bei denen sich jede(r) einbringen kann.

Waschmittel aus Rosskastanien oder Efeu – gut und GÜNSTIGST (faktisch kostenlos) herzustellen – schont die Umwelt und den Geldbeutel

– und ist auch nur ein weiteres von unzähligen Beispielen, wie man selbst ein klein wenig zu mehr Umwelt- und Naturschutz beitragen kann.

Öfters mal mit dem Fahrrad oder Bus statt mit dem Auto fahren. Oder – wenn möglich – Car Sharing betreiben oder Mitfahrerzentralen nutzen. Sicher wird von einer eingesparten Fahrt die Luft nicht besser, aber täten es Tausende ...

Aktiv für mehr Gesundheit sorgen

Dass wir über kein Gesundssystem sondern eher über ein Krankheitssystem verfügen, ist für viele offensichtlich. Der Anstieg bei Krebs, Zivilisationskrankheiten wie Herzinfarkt, aber auch ADHS und Autismus ist erschreckend. Die Wartezimmer sind voll. Die Einzigen, die sich über die Entwicklung der letzten Jahrzehnte wirklich freuen können, sind die Hersteller von pharmazeutischen Produkten – ob mit oder ohne Krankenschein. Die Zeit der kritiklos in Empfang genommenen Rezepte vom „Gott in Weiß" kann jeder und jede für sich beenden. Die Pharma-Industrie muss nicht von uns profitieren – es gibt Alternativen in der Natur, man muss sich nur darüber informieren.

Heilpflanzen wirken Wunder – auch wenn (so weit war Big Pharma schon erfolgreich) keine Heilaussagen gemacht werden dürfen, ohne dass man sich strafbar macht. Und fast jeder, der einmal mit Ingwer-Zitronen-Saft angefangen hat, weiß wie schwer es Erkältungen haben, sich gegen das eigene Immunsystem durchzusetzen. Letztlich basiert fast die gesamte Pharmakologie ja auf dem Wissen um Heilpflanzen. Das Wissen muss nicht exklusiv bleiben. Tante Google, moderne Kräuterhexen & Fachliteratur haben da einiges zu bieten.

Was alles in Körperpflege-Mitteln enthalten ist, kann man im www nachrecherchieren. Es ist mehr als unerfreulich, aber es gibt zahlreiche Alternativen – sei es von professionellen Herstellern, sei es selbst hergestellt. Alu im Deo muss wirklich nicht sein. Eine gute Informationsquelle dafür – und für viele andere Themen auch – ist smarticular.net.

Nicht nur im Bereich Körperpflege oder Putzmittel, auch was Ernährung angeht, bietet Smarticular einen schier unerschöpflichen Fundus an Ideen. Wie man sich gesund ernährt, ist unter Ernährungsberatern heftigst umstritten. ABER eines ist sicher: Fast Food ist nicht gesund – auch wenn bzw. gerade weil uns die darin enthaltenen Geschmacksstoffe süchtig danach machen. Unumstritten ist wohl auch: Je weniger „E"-Bestandteile, je natürlicher die Zutaten, je „selbstgemachter" – ob aus dem eigenen Garten oder vom Bio-Bauern – desto größer die Chancen, sich nicht systematisch selbst zu vergiften. Glyphosat ist in immer mehr industriellen Lebensmitteln nicht mehr wegzudenken. Und nachdem selbst die WHO (vermutlich ungern) zugegeben hat, dass es vermutlich krebserregend ist, sollte man es besser meiden.

Es ist kein eigener Garten für den Anbau gesunden Obst und Gemüses vorhanden? Dann nutzt den Balkon als Anfang. Oder sucht Euch

den nächsten Gemeinschaftsgarten, den es inzwischen in fast jeder Stadt gibt. Wenn nicht – macht Euch auf den Weg und gründet selbst einen. Schon einmal etwas von essbaren Städten gehört – oder Neudeutsch: Urban Gardening? Es werden immer mehr, je mehr Menschen sich dafür interessieren und engagieren. Oder schließt Euch den – bereits erwähnten – Einkaufsgenossenschaften und SoLaWi's an, die es ebenfalls bereits überall gibt. Und auch hier: Gibt es noch keine in der Nähe, gründet eine. Im Internet gibt es dazu zahlreiche Hilfestellungen seitens bereits erfolgreicher Gruppen, einfach mal bei solidarische-landwirtschaft.org stöbern.

Geht auf die Straße oder zu Veranstaltungen! March against Monsanto, Demos gegen TTIP, TISA & Co. – macht Euch einfach kundig, was in Eurer Nähe alles passiert und nehmt selbst daran teil. Zeigt den Politikern und -innen, dass WIR mit dem, was da passiert, nicht einverstanden sind. Das geht übrigens auch noch mit 50 plus, das muss man nicht den „Jungen" überlassen. Im Gegenteil. Pensionisten haben mehr Zeit als diejenigen, die noch im Hamsterrad von „Karriere, Kinderversorgung und Lebensstandard erreichen" eingespannt sind. Es sind so viele, die allein in ihrem „Kämmerlein" still und leise unzufrieden sind. Zeigt einfach den anderen, dass es Euch gibt. GEMEINSAM kann man viel mehr erreichen.

Big Data, Big Brother – dem Überwachungsstaat das Leben schwerer machen

Hier wird es schwieriger, denn seit 9/11 wurden die gesetzlichen Schrauben der legalen Datensammelwut schon recht eng angezogen – von illegalen Aktionen wie seitens der NSA ganz zu schweigen.

Aber: Niemand muss in Facebook & Co alles über alle erzählen. Nichts über sich selbst und schon garnichts über andere. Fotos von Kindern – ein absolutes Nogo. Der Facebook Messenger – mehr als zweifelhaft, vermutlich nicht mal legal – aber bis „der Rechtsweg abschließend beschritten wurde" sind alle Daten abgegriffen. Also selbst überlegen, welche Apps am eigenen Handy unverzichtbar sind.

Google-t Ihr noch oder Bing-t Ihr schon? O. k. – ist ja letztlich kein großer Unterschied, ob Google oder Microsoft die Daten sammelt – aber wer verschiedene Suchmaschinen nutzt, bekommt auch ein breiteres Bild von der Wirklichkeit.

Ghostery, NoScript und ähnliche Werkzeuge machen das Sammeln zumindest nicht leichter. Cookies grundsätzlich löschen – ob im Internet Explorer, in Opera, im Firefox oder sonst einem Browser – man muss es „ihnen" nicht so leicht machen.

Niemand muss Windows 7 oder gar 10 installieren. Wer das tut, braucht sich im Nachhinein nicht beschweren, wenn irgendwer die eigene Körbchengröße kennt. Ubuntu-Linux ist inzwischen auch DAU-fest, d. h. selbst der „dümmste anzunehmende User" ist in der Lage, es zu bedienen. ☺

RFID-Chips lassen sich deaktivieren – oder abschirmen. Sei es im Pass oder in der Scheckkarte – es gibt Hüllen, die verhindern, dass man überall „gelesen" werden kann.

Ob Android oder iOS – je „smarter" das Telefon, desto mehr wissen andere über Dich. Wenn man darauf nicht verzichten kann: einfach deaktivieren, was geht. Dazu kann man im Netz gute Anleitungen finden.

Wer immer GPS aktiviert hat, braucht sich nicht zu wundern, wenn andere JEDEN seiner Schritte kennen. Verhaltens- und Persönlichkeitsmuster sind daraus bequem ableitbar. Seit einiger Zeit gibt es übrigens Linux-Handys. Die sind nicht ganz so unverschämt, was den Umgang mit den Daten angeht. Und ja: Handys lassen sich ausschalten (ja, wirklich, das geht! ☺).

Auch der eigene Einsatz von Kundenkarten sollte kritisch hinterfragt werden. Denn letztlich wissen Billa, Spar & Co dadurch ganz genau, was jeder Einzelne konsumiert. Niemand – außer die eigene Gier – zwingt einen, mit Kundenkarte einzukaufen. Und schon weiß niemand, was man konsumiert … auf die 2 – 3 % Nachlass muss man dann eben verzichten.

Widersprecht Smart-Meter und ähnlichen Aktionen. Oder sorgt für aktive Störungen der SIM-Karten … da gibt es angeblich einige Möglichkeiten, die wohl auch bei RFID-Chips wirken – bing-en hilft weiter.

Sich für den Frieden engagieren

Die meisten Kriege finden nicht direkt vor unserer eigenen Haustür statt. Aber Deutschland ist immer unter den Top 5 der größten Waffenexporteure der Welt zu finden. Und auch Österreich ist sehr aktiv dabei – und das nicht nur in Syrien. Auch wenn keiner selbst Waffenproduzent ist, wir können alle einen Beitrag dafür leisten, hier Widerstand zu leisten.

Es gibt so viele Möglichkeiten:

- Der eigene Beitrag für den Frieden kann z. B. die Teilnahme an Petitionen wie jener zur „Ächtung von Uranmunition" sein.
- Wer es kann und mag, kann regelmäßig dafür beten oder meditieren.
- Man kann auf Demos gehen.
- Man kann Mahnwachen organisieren.
- Man kann an Friedensfesten teilnehmen.
- Man kann die Friedensakademie Linz `friedensakademie.at` unterstützen.
- Man kann den Abgeordneten im eigenen Wahlkreis per Mail oder Brief auffordern, die Teilnahme Deutschlands an Auslandseinsätzen zu verhindern.
- Man kann die Verantwortlichen in Österreich auffordern, die ständigen Truppentransporte Richtung Osten zu unterbinden.
- Man kann Friedensprojekte wie „be the change e. V." `btcev.de` oder Friedensbrücke-Kriegsopferhilfe e. V. `fbko.org` (nur zwei von unzähligen anderen) unterstützen.
- Man kann …

… lasst Euch was einfallen, wenn die Liste nicht das Passende bietet und TUT!

Für bessere Informationen und Bildung sorgen

Das Allerwichtigste hier zuerst: Man muss einfach selbst denken – und darf sich nicht nur berieseln lassen. Auch wenn das, was man dann feststellt, nicht immer angenehm ist. Und auch wenn man dadurch die eigene Komfortzone verlassen muss – und nicht mehr wieder zurückfindet … selbst zu denken ist erste Bürgerpflicht!

Dass unsere Qualitätsmedien nicht das berichten, was wir wissen wollen, ist einer der Gründe, dass es unzählige alternative Online-Plattformen gibt. Konzern-Interessen stehen im direkten Widerspruch zur freien Presse. Und die meisten Massenmedien sind ja heute im Besitz von Konzernen.

Der Verzicht von TV-Konsum ist ein einfacher Schritt auf dem Weg in eine bessere Welt. Denn er schafft die Zeit, die wir für andere wichtige Dinge dringend brauchen.

Die Informationsbeschaffung über viele verschiedene Quellen ist ein weiterer Schritt. Und eigentlich Pflicht. Denn auch viele der sogenannten „alternativen" Medien haben ihre eigene „Agenda". Es gilt, viele Informationen zu beschaffen, zu vergleichen, abzuwägen, selbst zu denken – und dann zu handeln.

Aber das ist nur die passive Veränderung (die nun wirklich jedem möglich sein sollte) im Bereich Medienkonsum, Bildung und Information.

Aktiv kann man mitarbeiten. Bei Informationsplattformen, die man entweder findet oder gründet, wenn es sie noch nicht gibt. Auch in Facebook gibt es einiges Lohnenswertes zu lesen und zu teilen. Merke: Wissen ist der erste Schritt zur Veränderung.

Man kann auch aktiv für gute Plattformen Werbung machen und damit für deren höheren Verbreitungsgrad sorgen. Das freut nicht nur die jeweiligen Autoren und Autorinnen, sondern unterstützt auch eine bessere Bildung der Bevölkerung jenseits der Medienverblödung ... upps, Verzeihung: Medienpropaganda ... upps, Verzeihung: Massenmedien ... ☺

Wie war das mit der Neutralität? Ja, es gibt sie in Österreich dank der EU-Verträge faktisch nicht mehr. Aber das sollten mehr Österreicher und Österreicherinnen erfahren. Informiert Euch darüber und ERZÄHLT es anderen. „Durch's Red'n kumman d'Leut' z'samm." Man kann fast immer mit fast jedem über alles reden – andere informieren über eigene Erkenntnisse.

Ganz wichtig ist: Verlasst die Blase. In Google, Facebook, YouTube und Co erhält man immer wieder „more of the same" angezeigt. Wer dort beispielsweise häufig linke Medien anklickt, teilt oder like-t, bekommt immer mehr linke Medien angeboten – und sieht damit (technologie-gestützt) nur EINEN Ausschnitt aus der Welt der Informationen. Nichts gegen linke Medien, aber besonders wichtig ist es in meinen Augen, einen möglichst BREITEN Ausschnitt dieser Welt zu sehen, ein möglichst breites Spektrum an Informationsquellen heranzuziehen, um so zu einer eigenen Wahrheit zu kommen. Man muss also bewusst darauf achten, nicht durch vermeintlich gute Angebote, (gut, weil sie die eigene

Meinung widerspiegeln) einseitig zu werden, sondern sollte immer über den Tellerrand des eigenen Denkens hinausschauen.

Als aktive Mitarbeiterin von free21.org ist es mir hoffentlich verziehen, dass ich an dieser Stelle explizit auf diese alternative, politische Zeitung hinweise. „Was die Welt bewegt auf Papier gebracht" – politischer Journalismus wie er sein soll, wirtschaftlich unabhängig und mit Quellenangaben versehen. Dank des kreativen Abo-Konzeptes free21abo.de erhält jeder Abonnent für 10 Euro pro Ausgabe 10 Exemplare des Magazins, die man beliebig im eigenen Umfeld weiterverteilen kann.

Jede(r), die dieses Kapitel gelesen hat, darf, kann und soll es um eigene Ideen und Taten ergänzen. Ich freue mich über jedes Feedback.

Jede(r), die dieses Kapitel gelesen hat, kann und soll es weiterverbreiten. Man findet es auch online unter rubikon.news/artikel/jeder-ist-teil-der-veranderung. Per Facebook, per Ausdruck (ja, die Papierform ist auch heute noch möglich!), per Mail – Hauptsache, es werden nach und nach mehr Menschen, die das ihnen Mögliche tun. Nicht jede(r) tut alles, aber jede(r) tut einiges. Und damit tragen wir zur Veränderung bei.

Nach dem Motto:

Wer kritisch denkt, ist dem System ein Dorn im Auge – lasst uns GEMEINSAM eine Brombeerhecke sein!

Wir tun ...

Die Friedensaktivisten, die hier vorgestellt werden, könnten unterschiedlicher nicht sein.

Vom Typ „normaler" Mitbürger bis zum „schwarzen Schaf": Weder bei Alter, Geschlecht, Ausbildung, Beruf noch bei Herkunft, Nationalität oder Religionszugehörigkeit lässt sich eine Gemeinsamkeit feststellen. Was verbindet die Menschen – außer der Tatsache, mir, der Autorin dieses Buches, irgendwann mal real oder virtuell über den Weg gelaufen zu sein?

Sie TUN etwas, um eine Situation zu ändern, die sie für negativ halten. Sie verharren nicht in der „Ich als Einzelner kann ja eh nix tun"-Opferrolle. Sie engagieren sich. Jede(r) nach den eigenen Möglichkeiten. Und in dem Rahmen, den jede(r) für richtig und wichtig hält. Dabei gehen sie nicht nur recht unterschiedlich Wege, es sind teilweise sogar widersprüchliche Wege – aber immer authentisch und auf eine friedlichere, gerechtere und menschlichere Welt ausgerichtet.

Viele Wege führen nach Rom. Diese 37 Menschen sind auf dem Weg. Es gibt noch mehr. Viel mehr. Und nach der Lektüre dieses Buches hoffentlich noch etliche weitere.

Khaled Abu Marjoub

Geboren 1958 in Qoub Elias in der Bekaa-Ebene im Libanon, wohnhaft in Berlin. Von Beruf seit 30 Jahren als Diplom-Informatiker tätig, in 2. Ehe verheiratet, zwei Kinder. Hobbys: Lesen, Pflanzen, Reisen und gute Kinofilme.

Bist du schon lange politisch aktiv?
Ja, ich bin seit frühester Jugend ein politischer Mensch, bin quasi in die Politik hineingeboren worden.

Kannst du das erklären?
Mein Vater war palästinensischer Flüchtling, meine Mutter Libanesin. Im Alter von 7 Jahren zog ich mit meiner Familie nach Jordanien. Mein Vater, der während der Nakba in Palästina, heutiges Israel, zunächst im Libanon Zuflucht suchte, wollte zu seiner Familie zurück. Bis zu meinem 20. Lebensjahr habe ich dann in Amman gelebt, 1978 ging ich zum Studieren nach Berlin.

Warum das?
Mein versprochenes Stipendium an einer Uni in Russland scheiterte leider schon an der Abholung in Jordanien. Aufgrund der hohen Studiengebühren in Jordanien hätte ich dort nicht studieren können. In Deutschland hingegen wurden auch ausländische Studenten zugelassen, die Studiengebühren ließen sich erarbeiten. Mein ältester Bruder lebte in Deutschland, das war eine Chance für mich. Zunächst habe ich die deutsche Sprache gelernt und dann an der TU Berlin Informatik studiert.

Kann man als Ausländer auch politisch agieren?
Natürlich, auch wenn man im Ausland nie wirklich zu 100 % ankommt.

Ich war und bin immer ein Wanderer zwischen den Welten gewesen. Während des Studiums war ich Mitglied im palästinensischen Studentenverein, einige Jahre sogar dessen Vorsitzender. Wir haben Informationsveranstaltungen über Palästina arrangiert und für die Sache der Palästinenser geworben. Damals hatte man noch viel mehr Verständnis für Israel als heute, von der Nakba sprach da noch niemand. Heute hat sich da einiges verändert.

Wolltest du nie zurück?

1986, bis kurz vor Ende meines Studiums, stand es außer Frage, dass ich zurückkehre. Doch in diesem Sommer wurde unser erstes Kind geboren. Ich hätte bei einer Rückkehr Wehrdienst in Jordanien ableisten müssen, wäre also ohne Einkommen für die Familie gewesen. Das war ein deutlicher Konflikt. Wer kümmert sich um meine Familie, wenn ich im Militärdienst bin? Also entschied ich mich zu bleiben und habe mir hier eine Arbeit gesucht. Nach drei Monaten fand ich die Aufgabe, in der ich noch heute tätig bin. Die Firma wurde inzwischen mehrfach verkauft oder übernommen, aber ich mache immer noch die „gleichen" Arbeiten.

Welchen Stellenwert hat für dich die Religion in der politischen Arbeit?

Im Nahen Osten haben alle Religionen friedlich und mit Respekt nebeneinander gelebt. Es gab nie ein Problem z. B. mit den Christen – weder im Libanon noch in Jordanien. Als Moslem kann ich nicht gegen Christen oder Juden agieren, damit würde ich gegen meine Religion und den Koran verstoßen. Im Koran gibt es keinen Zwang, jeder kann und soll seinen Glauben behalten können. Ich lebe dieses seit meiner Kindheit. Der sogenannte „politische Islam" entstand, als die Taliban gegen die Sowjetunion aufgerüstet wurden. Dieser „politische Islam" ist meines Erachtens die Arbeit ausländischer Geheimdienste über Jahrzehnte. Was wir derzeit im Namen des Islams erleben, hat nichts, aber auch gar nichts mit dem Islam zu tun.

Warst du immer politisch aktiv?

Ich muss gestehen: nein. Viele Jahre habe ich wie ein Wahnsinniger gearbeitet, Stunden und Tage nach irgendwelchen Programmfehlern gesucht. Der Job hat mich total vereinnahmt. Durch jahrzehntelangen Dauerstress wurde ich krank, ich war total ausgelaugt. Erst dann habe ich die Prioritäten meines Lebens wieder neu gesetzt. Mir wurde klar, dass es mehr im Leben gibt, wichtigere Dinge als Rundungsfehler in Computer-Programmen. 4 Monate lang war ich krankgeschrieben. In dieser Zeit habe ich mich neu umgesehen und viele Stunden im Internet verbracht, gelesen und recherchiert. Das war der Beginn meiner erneuten politischen Aktivität. Heute erfülle ich meinen Arbeitsvertrag, habe aber auch gelernt, bei zu viel Arbeit nein zu sagen. Heute habe ich mehr Zeit für andere, schöne und wichtige Dinge – mich aktiv für den Frieden einzusetzen gehört dazu.

Was verstehst du darunter?

Ich mache einfach das mir Mögliche, ohne mich zu überfordern. Doch regt es mich auf, dass Millionen Menschen von Hartz-IV-Gesetzen betroffen sind, aber kaum jemand auf die Straße geht. Wenn die Betroffenen nichts tun, wer dann? Ich lese alternative Medien und gebe das Wissen weiter, versuche mit Kollegen und Freunden ins Gespräch zu kommen und gehe auf Demonstrationen. Das ist aber gar nicht so einfach, die meisten Menschen sind von ihrer „Mainstream"-Wahrheit fest überzeugt. Ich nehme Stellung in Facebook, verteile dort auch Informationen. Manchmal sind es „Einmal-Aktionen" wie das Bed & Breakfast für drei auswärtige Teilnehmer der Friedensfahrt Berlin–Moskau. Ich verstehe und fühle mich als Brückenbauer zwischen den Welten.

An welchen Brücken arbeitest du denn?

Das Thema Flüchtlinge ist für mich natürlich wichtig, dort versuche ich zu vermitteln. Über Flüchtlinge kann man kaum diskutieren, ohne dass es heiß hergeht. Bei der 11:55-Uhr-Demo am 1.10. in Berlin hatte ich ein interessantes Gespräch mit einem Aktivisten. Er war gegen Flüchtlinge, regte sich darüber auf, dass Russen in Syrien für die Befreiung Syriens kämpfen und dass bei uns syrische Männer Unterschlupf finden. Diesen Menschen darf man nicht einfach in die rechte Ecke stecken. Das will ich nicht, wir dürfen uns nicht noch weiter spalten lassen. Es gibt mehr als genug Feindseligkeiten zwischen den verschiedenen Bevölkerungsgruppen. Wer Arbeit hat, schimpft über die Arbeitslosen, Arm und Reich stehen einander feindselig gegenüber, Raucher und Nichtraucher, Veganer und Fleischesser, links und rechts, Inländer und Ausländer. Wir müssen uns klar machen: Wir sind keine Feinde, wir sind alle Opfer dieses Systems. Die Menschen müssen erkennen, wo das eigentliche Problem liegt. Die Medien tun aber alles, um die Menschen dummzuhalten. Ich schaue mir ARD & ZDF nur noch ab und zu an, um zu erfahren, wie die Menschen indoktriniert werden. Man – nein ICH – muss aktiv sein, um dem entgegenzuwirken.

Dann weiterhin viel Erfolg dabei!

Monika Aichhorn

Geboren 1982 in Goldwörth, Österreich, Putzfrau und Kindergartenhelferin in ihrem Dorf. Ausgebildete Restaurantfachfrau, Mutter von 2 Kindern, Hobbys: „Garteln" & Einkochen sowie durchs Internet bilden

Wie wurdest du zur Friedensaktivistin?
Das war ein längerer Weg. Es begann mit meinem Lebensgefährten, der aus Guinea stammt. Durch ihn wurden mir die Unterschiede zwischen dem „Wissen" aus Afrika und Europa auf einmal bewusst. Das, was wir in der Schule gelernt haben, konnte nicht ganz stimmen. Es gibt noch eine andere Wahrheit. Und je mehr Kontakte ich zu Afrikanern bekam, desto deutlicher wurde mir das.

Wie hast du sie kennengelernt?
Im Flüchtlingsheim von Ute Bock in Wien habe ich viele Afrikaner kennen gelernt. Dort habe ich vieles zum Thema Flüchtlinge und Asyl mitbekommen und immer wieder mit Menschen aus verschiedenen Ländern über kritische Themen gesprochen, wo es völlig widersprüchliche Informationen gab.

Kannst du ein Beispiel dazu nennen?
Der Ebola-Ausbruch 2013 ist ein gutes Beispiel dafür: Teile der Familie meines Partners leben in der Nähe des Krisengebietes und sagten immer und immer wieder, dass es bei weitem nicht so schlimm sei, wie man bei uns berichtete. Da fing ich an, ernsthaft an den Medien zu zweifeln. Mein Lebensgefährte hat mir dann noch bewusst gemacht, dass Hilfsorganisationen dort nicht unbedingt helfen, sondern dass es um Medika-

mententests und -verkauf geht. Über Facebook habe ich meine Kontakte nach Afrika intensiviert, die Menschen selbst gefragt, wie es ihnen geht – und die Antworten haben mich erschreckt. Ich glaube jetzt viel eher, was mir reale Menschen erzählen, nicht was Regierungen oder Zeitungen berichten.

Und was heißt es für dich, Aktivistin zu sein?
Friedensaktivistin heißt für mich Flüchtlingshilfe, heißt, mich in Facebook mit Menschen zu vernetzen und Informationen auszutauschen. Speziell auch mit Menschen aus Afrika – um dort ein realeres Bild über Europa zu vermitteln. Da findet man die schrägsten Vorstellungen – gerade in den letzten Jahren durch die zunehmenden Manipulationen durch sogenannte islamistische Führer, die ich wirklich nicht toll finde. Als ich noch in der Stadt gelebt habe, war ich überzeugter „Gutmensch", der sich unbedingt für Flüchtlinge engagiert hat. Seit ich vor ein paar Jahren wieder aufs Land gezogen bin, habe ich aber auch mehr Verständnis für die Ängste und Befürchtungen der Menschen gewonnen. Wir leben in Österreich, speziell auf dem Land, in einer enorm privilegierten Situation. Aber wenn alle armen Menschen in Afrika, die das über die modernen Medien heute mitbekommen, herkommen würden – wo soll das hinführen? Natürlich unterstütze ich die Menschen, die zu uns geflohen sind, weiter. Ich sehe es einfach nur kritischer. Man muss in den Ländern für lebenswerte Umstände sorgen. Überall auf der Welt. Wichtig ist einfach, die Regionen stark zu machen.

Das Regionale stark machen, das fordern auch die Rechten, bist du eine?
Ich bin sicher keine Rechte, nur weil ich Regionales gut finde. Würde ich in Liechtenstein, Spanien, Portugal, Finnland, Israel, Syrien oder in Amerika leben, dann würde ich mich von deren regionalen Lebensmitteln ernähren wollen. ☺ So einfach ist das! Grundlegendes wie Lebensmittel sollen die Menschen erzeugen, die sie auch essen. Billig herstellen und einfach billig kaufen, davon profitieren nur die Konzernbosse. Wir haben dann schlechte Qualität und hohe Energiekosten wegen der

langen Transportwege. Wir sollten uns in Europa ernsthaft Gedanken machen, wie wir die Lebensmittelproduktion wieder heimholen. Darum ist Gartenarbeit für mich auch Friedensarbeit. Wenn man in den Garten geht, kann man alles andere ausschalten – das ist sehr meditativ – und ein gutes Kontrastprogramm zu den negativen Nachrichten aus der ganzen Welt. Eine Freundin von mir hat mich da inspiriert. Man muss nicht perfekt sein, man kann sich selbst entwickeln durch sein eigenes Handeln. Ich lerne durch die eigenen Erfahrungen aber auch von Dritten und gebe das dann wieder weiter. Wichtig ist mir das Teilen – vom Saatgut bis zu Ertrag. Und natürlich Kontakte in meiner Region aufzubauen zu Menschen, die auch meine Gedanken teilen.

Und was heißt Friedensarbeit noch für dich?
Es sind viele Kleinigkeiten. Vor Kurzem habe ich einen Aufruf in Facebook gestartet: „Wer macht mit mir mit, Konzerne zu stoppen?!" Dazu kann jeder beitragen. Ein einfaches Beispiel: Meine Winterjacke habe ich 2006 gekauft. Ich versuche meine Sachen so lange zu tragen, bis sie wirklich kaputt sind. Das ist mein Weg für Frieden. Ich überlege mir einfach nur, wem ich mein Geld gebe. Z.B. bekommt Dr. Oetker von mir keinen Cent mehr – die haben letztes Jahr einen Rüstungskonzern aufgekauft. Viele Läden und Hersteller wie Danone, H&M, C&A, Primark, NESTLÉ boykottiere ich einfach und hoffe, dass das mit der Zeit immer mehr Menschen tun. Ich bin nicht für eine gewalttätige Revolution auf der Straße, ich will keine Toten sehen. Ich will diese Revolution von zuhause aus antreiben, indem ich mir überlege, was ich wirklich zum Leben brauche und wer mein Geld bekommt. Das meiste von meinem Einkommen bleibt jetzt bei uns in der Region. Und das ist gut so. Ansonsten verteile ich noch Free21 bei uns im Umfeld. Und merke, dass es immer besser ankommt.

Das ist toll, danke dafür – und für deine Zeit für dieses Interview!

Gernot Almesberger

Geboren 1970, wohnhaft in Linz, Österreich
Beruf: Coaching & Unternehmensberatung,
seine Hobbys sind Kendo, Fotografie,
nachhaltige Entwicklung, Umwelt, Ökologie und Politik

**Politik ist ein guter Einstieg ins Thema –
wie bist du in die Politik gekommen?**
Ich war immer ein politisch denkender
Mensch. Vor 4 Jahren sprach ich mit einem
Kollegen darüber, dass viel geredet aber wenig umgesetzt wird. Wir wollten uns aktiv einbringen und nicht immer
sagen, die anderen tun nichts. So fing es an.

Und was macht ihr bzw. du jetzt?
Politische Arbeit heißt für mich Parteipolitik, geht aber darüber hinaus.
Unser Ziel ist es, sozialdemokratische Werte, die sich über 125 Jahre entwickelt haben, für das 3. Jahrtausend zukunftsfähig zu machen. Darum
haben wir granum humanum – das Korn der Menschlichkeit – gegründet. Unser Fokus liegt auf Bildung in Bereichen wie Zukunft der Arbeit,
Zukunft der Ökologie, Macht des Geldes bzw. der Finanzwirtschaft,
also auf ökonomischen, ökologischen und gesellschaftspolitischen Themen. Insgesamt arbeiten jetzt ungefähr 100 Menschen mit, von denen
die meisten vorher nicht aktiv waren. Wir treffen uns regelmäßig, tauschen uns aus, planen Veranstaltungen und sind auch eine der treibenden
Kräfte hinter der Initiativplattform „TTIP Stoppen Oberösterreich".

Wie kam es zu der Plattform?
Im November 2013 las ich einen Bericht über TTIP, dann nahm ich das
Thema in eine Sitzung mit und wir waren uns schnell einig, dass wir
mehr Informationen benötigten. Wir haben Kontakt zu EU-Parlamenta-

riern gesucht und uns ausgetauscht. Im Januar 2014 haben wir dann ein erstes Treffen mit Podiumsdiskussion organisiert – rund 40 Teilnehmer saßen im Publikum. Die möglichen Gefahren des Abkommens wurden deutlich und uns allen klar, es geht um unsere Zukunft. Also müssen wir weitere Informationen zusammentragen und mehr Menschen erreichen. Mit der Gründung der Plattform stop-ttip.at ging es dann richtig los.

Was heißt das?
Unsere erste Demo im Mai 2014 hatte nicht ganz 1 000 Teilnehmer. Im Herbst 2016 bei der vierten waren es dann schon 6 000. Und Demos sind ja nur ein Teil unserer Arbeit. Wir wollen möglichst viele Menschen aus unterschiedlichen Gesellschaftsschichten ansprechen und haben daher sehr viel Beziehungsarbeit mit den verschiedensten Institutionen betrieben.

Beziehungsarbeit – was kann man darunter verstehen?
Ich habe gut 80 Vorträge gehalten, Kollegen von mir sicher 50 weitere. Wir haben uns mit Nationalratsabgeordneten unterhalten und Aktionen durchgeführt. Auch gab es zahlreiche Treffen mit der WKO und der Landwirtschaftskammer, mit deren offiziellen Vertretern wir das Thema besprachen.

Wir wollen als Bürger und Bürgerinnen mit den Entscheidern in der Politik in Kontakt treten und nicht nur protestieren. Führt man konstruktive Diskussionen über die Auswirkungen, kann man sehr viel erreichen. Öffentlicher Druck ist eine Sache, aber wenn man neutral und wertschätzend mit den Politikern ins Gespräch geht, kann man vielleicht sogar mehr erreichen als durch Konfrontation.

Wir sind eher zurückhaltend aufgetreten – eben eher beziehungsorientiert, darum haben sich aber viele Organisationen der Plattform angeschlossen. Insgesamt sind 44 Organisationen daran beteiligt. Als Sprecher der Plattform habe ich immer für diese kooperative Vorgehensweise optiert. Und das kam sehr gut an. Die Demo im Herbst 2016 in Linz war wohl die größte Demo, die an diesem Tag in Österreich veranstaltet wurde.

Wie sind denn die Reaktionen jenseits der Demos?

Es ist einiges daraus entstanden, auch wenn es in den letzten Monaten sehr ruhig um das Thema wurde. Viele Menschen im Land sind sich durch TTIP erstmals bewusst geworden, welchen Einfluss die globale Wirtschaft auf ihr tagtägliches Leben haben kann bzw. hat. 562 552 Österreicher haben beim Volksbegehren gegen TTIP und CETA die Stimme erhoben. Viele Gemeinden machen bei der Aktion TTIP-freie Gemeinde mit. Aber mit CETA steht uns leider einiges bevor. Klagekosten in Höhe von mehreren Millionen Euro kann sich selbst ein großer österreichischer Mittelständler nicht leisten, Konzerne haben ein leichtes Spiel. Gesetzesänderungen werden u. U. einfach aus Angst vor Klagen gar nicht mehr angegangen. Wir haben noch einiges an Arbeit vor uns.

Aber TTIP/CETA sind nicht euer einziges Thema?

Stimmt. Wir bauen die Plattform jetzt in Richtung gerechter Handel aus. In einer global vernetzten Welt gibt es globalen Handel. Für Handys sind seltene Erden notwendig, die es bei uns nicht gibt. Man muss aber einen fairen Weg finden, sich diese im Ausland zu beschaffen und dabei auf die ökologische Tragfähigkeit für den Planeten achten. Um am Beispiel zu bleiben: Das Fairphone ist der gute nächste Schritt. Weitere Maßnahmen sind der Verzicht auf Plastik durch Einsatz von Pflanzenfasern, Gehäuse aus nachwachsenden Rohstoffen, Lackierung aus umweltfreundlichen Materialien hin zur echten Kreislaufwirtschaft – davon sind wir noch weit entfernt.

Warum engagierst du dich? Da geht doch sehr viel Zeit drauf.

Das ist richtig. 3 500 bis 4 000 Stunden waren es sicher seit 2014. Aber das Bedürfnis nach Veränderung ist groß – und wächst. Viele Menschen stellen sich ähnliche Fragen, wir müssen nach und nach Antworten finden. Unser System ist einfach nicht mehr zeitgemäß. Ich will meinen Beitrag leisten, es positiv zu verändern, für das 3. Jahrtausend zukunftsfähig zu werden. Es ist mir dabei ein großes Anliegen, andere Menschen zu motivieren. In der Politik läuft vieles zu sequenziell ab – überall stoßen wir an die Grenzen. Vielschichtigkeit ist gefragt. Wir müssen systemisch agieren wie die Natur.

Tust du das für deine Kinder?
Nein, ich habe keine eigenen. Aber ich tue es für die zukünftigen Generationen. Als wir uns im Rahmen von granum humanum das erste Mal trafen, war ich provokant. Ich sagte: „Ich möchte mich mit Euch über den 01.01.3000 unterhalten." Das führte erst zu betretenem Schweigen und dann zu der Nachfrage: „Wie bitte?" Als ich das Datum wiederholte, folgte erneut Schweigen. Und dann: „Das sind ja 1000 Jahre!" Meine Antwort darauf: „Nein, das sind nur 30 Generationen. Es geht um die Kinder der Kinder der Kinder." Wir müssen heute unsere Vorstellungen für die Zukunft konkretisieren, von dort zurückrechnen und unsere Handlungen daran messen. Die Gesellschaft braucht ein höheres Ziel, an dem sich alle und alles orientieren kann. Das ist der Weg für eine nachhaltige Entwicklung, an dem inzwischen viele mitarbeiten.

Danke für dein Engagement.

Stephan Bartunek

 Geboren 1977 in Scheibbs, wohnhaft in Wien, von Beruf Schauspieler und freischaffender Künstler, Gründungsmitglied des Portals Gruppe42. Familienvater, ein Sohn. Zu seinen Hobbys gehören seine Ragdoll-Katzen, Lesen, Spielen (Brett, PC, Playstation) und das Sammeln von Comics.

Wie verträgt sich der Beruf des Schauspielers mit Friedensaktivismus?
Als ich mit der Mahnwache anfing, gab es Probleme mit Kollegen, die noch blind glauben, was in der Zeitung steht. Das führte zu entsprechenden Diskussionen. Aber das war gut so. Jetzt habe ich mich umorientiert. Ich mache immer noch Stücke, bei denen ich Geld verdiene, aber an kleineren Theatern in Mödling oder im Waldviertel. Darüber hinaus arbeite ich für einen Verein.

Du hast also keine wirtschaftlichen Probleme?
Nein. Ich lebe halbwegs bescheiden, mir fehlt es an nichts, obwohl ich meinen Konsum stark eingeschränkt habe. Zum Beispiel kaufe ich elektrische Geräte nur noch über Willhaben. Ausgelöst durch die Mahnwachen habe ich begonnen mein Konsumverhalten zu hinterfragen. Man kommt auch nicht dran vorbei zu fragen: Was essen wir eigentlich? Sind das noch Lebensmittel oder nur Nahrungsmittel?

Die Mahnwachen waren für dich ein Wendepunkt?
Das kann man sagen. Seit Frühjahr 2014 bin ich aktiv, vorher war ich interessiert, aber nicht engagiert. Der drohende Ukraine-Krieg, die Eskalation, die sich abzeichnete, die räumliche Nähe zu dem Kriegsschauplatz fast im Herzen Europas – das hat mich alles nicht losgelassen. Ich

wollte handeln. Bis zu diesem Zeitpunkt war ich wie viele: ein Polit- und Medien-Konsument. Ich habe Bücher, Magazine und Zeitungen gelesen, Diskussionsrunden im Fernsehen verfolgt und „wusste" sehr viel. Um dann zu erkennen, dass ich nichts, dass ich maximal die Hälfte gewusst habe. Mir wurde in dieser Zeit erst bewusst, wie einseitig die Medien sind.

Was heißt das konkret?
Ich hab den „Standard" und die „Presse" gelesen – und dachte, damit ein breites Spektrum, von „konservativ-rechts-intellektuell" bis „liberal-links-intellektuell" abzudecken. Ich sah mich als linksliberal und war stolz, einer dieser klugen und belesenen Österreicher zu sein, die so ein tolles Medium wie den Standard verstehen, der das liberale offene Publikum anspricht. Ich habe mich erhaben gefühlt! Die Enttäuschung war entsprechend riesig. Was Außenpolitik angeht, ist der „Standard" genauso rechtsextrem wie die meisten anderen Mainstream-Medien auch. Das soll heißen: Kein radikales und konkretes Infragestellen herrschender Besitzverhältnisse, so gut wie keine Kritik am globalen Militarismus und dem damit verbundenen Apparat, und postkoloniale Verhältnisse werden nicht aufgearbeitet und so korrigiert.

Durch die alternativen Medien wurde ich auf anderen Journalismus aufmerksam gemacht. Auf Bücher, auf Filme, auf weiterführende Informationen. Es gibt enorm viele Informationen, die im breiten Mainstream nicht weitergegeben werden.

Du sagst, du warst linksliberal – in manchen Gazetten heißt es heute, dass du ein Rechter bist? Wo stehst du denn wirklich?
Dass ich rechts stehe, ist falsch. Es wird als Kampfbegriff missbraucht und somit abwertend verwendet. Einfach und klassisch ausgedrückt würde man mich politisch wohl „links" einordnen. Passender wäre es aber zu sagen: Ich bin Anarchist, ich bin gegen Herrschaft, ich bin Universalist. Für mich ist jeder Mensch gleich an Werten und Rechten. Ich stelle die Eigentumsverhältnisse in Frage. Ich bin gegen Militarismus und stehe den herrschenden Machteliten kritisch gegenüber. Das sind alles klassisch linke Standpunkte.

Warum dann die Diffamierung als Rechter?

Es wird als abwertender Kampfbegriff verwendet und komplett unwissenschaftlich und fern von Fakten missbraucht. Große Teile der Mahnwachen wurden so verunglimpft.

Stimmt das denn nicht?

In den meisten Fällen sicher nicht. Ich war aktiv bei der Mahnwache Wien – im Orga-Team und auch einer der Hauptredner – und habe im Dezember 2014 die globale Mahnwache in Wien mitorganisiert, wo ja auch viele Oberösterreicher und Tiroler dabei waren. Auch bei Mahnwachen in Linz, St. Pölten sowie auf Veranstaltungen in Deutschland habe ich gesprochen. Im Spätherbst 2015 war aber Schluss. Es wurden immer weniger, die Jungen, also Schüler und Studenten blieben weg, dafür kamen Teilnehmer dazu oder gewannen mehr an Gewicht, die in meinen Augen … sagen wir mal, ein ziemlich schräges Weltbild hatten. Es wurde vor Ufos und Reptiloiden gewarnt, gleichzeitig wurde der Islam immer stärker als Feindbild aufgebaut. Damit konnte ich überhaupt nichts anfangen.

Was bedeutet für dich Friedensaktivismus?

Eine schwierige Frage. Ich bin der Meinung, dass wir in einer gewaltorientierten Gesellschaft leben, die auf Herrschaftsstrukturen aufbaut. Friedensarbeit bedeutet für mich Aufklärung rund um Themen wie War on Terror, Postkolonialismus, Feminismus, Umgang mit Kindern, Umgang mit Minderheiten und schwächer Gestellten bzw. unterdrückten Gruppen.

Und dafür bist du weiter aktiv?

Definitiv – mein Fokus liegt auf der Gruppe42 (gruppe42.com), mit der wir viel mehr Menschen erreichen können, als es – leider – bei den Mahnwachen der Fall war.

Wofür steht Gruppe42?

Gruppe42 ist ein Medienportal und YouTube-Kanal, das im wesentlichen von vier Menschen getragen wird. Wir organisieren Vorträge, Interviews sowie ab und zu Hangouts und orientieren uns an „Per Anhalter durch die Galaxis". In diesem Klassiker gibt der Computer zwar eine Antwort auf die Frage aller Fragen, aber niemand versteht seine Antwort. Wir machen in Gruppe42 unser Ding rund um die Themen Gesellschaft, menschliches Verhalten und Politik. Wer das nicht versteht, kann sich einen anderen Computer suchen.

Wer kommt zu euch?
Sehr unterschiedlich. Wir geben Experten zum jeweiligen Thema eine Plattform. Menschen wie Dr. Daniele Ganser, Rainer Rothfuss oder Dirk Pohlmann waren schon bei uns. Bei Hermann Ploppa ging es um Fragen wie „wie kann es sein, dass sich Rassismus in einer Form ausbreitet, dass er zur industriellen Vernichtung von Menschen führte? Wie agieren Medien und Thinktanks gemeinsam, um die Menschen so weit zu bringen?". Rüdiger Lenz hat sein Nichtkampf-Prinzip vorgestellt. Es sind unterschiedliche Themen, die aber alle gesellschaftlich relevante Auswirkungen haben. Die Vorträge und Interviews sind auf unserem Kanal abrufbar und wir erreichen zwischen 5.000 und 10.000 Menschen.

Ihr wolltet ja auch eine Konferenz organisieren, warum kam die nicht zustande?
Ja leider. „Angst essen Zukunft auf" mussten wir absagen. Es wurde im Vorfeld massiv die Veranstaltung diffamiert, so dass uns Vortragende und die Moderatorinnen kurzfristig ausfielen. Letztere wurden über ihr berufliches und privates Umfeld massiv unter Druck gesetzt. Gegen diese Diffamierung läuft jetzt eine Klage, die wir abwarten, bevor wir den zweiten Anlauf unternehmen.

Kannst du von Gruppe42 leben?
Nein. Es gibt Spenden, aber die sind minimal. Es ist also klassisches Non-Profit.

Dann danke für dein Engagement!

Christiane Borowy

Dipl.-Soziologin, Körpertherapeutin, Sängerin und Mutter eines großen Sohnes, geboren 1968 in Heidelberg, wohnhaft in Bochum. In ihrem Institut für sozial-kulturelle Arbeit – borowita.de – hat sie nach fundierter Ausbildung eine ihrer Leidenschaften zum Beruf gemacht.

Seit wann bist du in der Friedensszene aktiv?
Eigentlich seit der Schulzeit in den 80ern fast durchgängig. Zwischendurch hat die Familie mal einen stärkeren Fokus, aber ich habe immer etwas getan, um zum Frieden beizutragen.

Was heißt denn „etwas"?
Ich war schon auf dem Schulhof Schlichter, oder auch bei uns im Chor. Konkret habe ich Gesprächskreise ins Leben gerufen und moderiert, Artikel und Handzettel geschrieben, die ich in der Region verteilt habe, Veranstaltungen koordiniert, beim BUND mitgearbeitet ... und wo immer ich war, habe ich versucht, Menschen zu motivieren, sich für den Frieden zu engagieren. Ich stelle mich auch dort hin, wo man auf den ersten Blick nicht an das Thema Frieden denkt.

Wo stellst du dich hin, was bedeutet das?
Frieden hat viele Aspekte, es geht nicht immer nur um Krieg und Terror. Es bedarf einer friedlichen Grundhaltung, wenn unterschiedliche Interessen aufeinanderstoßen. Sei es der Mann-Frau-Konflikt, der Streit zwischen Nachbarn, wenn die Hecke zu hoch ist, oder wenn unterschiedliche Gruppen und Institutionen zusammenarbeiten sollen. An der Ruhr-Uni Bochum war ich Gleichstellungsbeauftragte für die Studierenden zunächst in der Fakultät, später für die gesamte Uni. Da musste ich

immer wieder zwischen unterschiedlichen Positionen von Studierenden und universitären Gremien für Ausgleich sorgen. „Divide et impera" gab es damals schon: Streit, Diffamierung, Spaltung – man konnte die verschiedensten Methoden beobachten, um die Gruppe der Studierenden daran zu hindern, ihre Interessen wirksam zu vertreten.

Gehst du auch auf die Straße?

In den 80ern war ich noch auf jeder Demo in meiner Region zu finden, heute eher selten. Das ist irgendwann eingeschlafen. Die Friedensinstitute und Interessengruppen sind nach und nach eingegangen. In den Gruppen gab es auf einmal Streit. Auch hier: Spaltung entlang der kritischen und der klassischen Friedensinstitute – wobei unklar ist, wodurch diese sich wirklich unterscheiden.

Wo liegt jetzt dein Fokus?

Mir geht es heute mehr darum, den Menschen die Mechanismen, die zu Unfrieden führen, bewusst zu machen. Ich möchte Spaltungen aufdecken und dazu beitragen, das Verbindende zu finden und greifbar zu machen. Wenn man den gemeinsamen Nenner sucht, besteht die Chance zu einer friedlichen Lösung. Dabei muss man die eigenen Vorstellungen hinterfragen. Bei Krisen muss man sich bewusst machen, dass man selbst aggressiv ist. Welchen Beitrag habe ich als Konfliktpartei? Warum rege ich mich über eine spezielle Situation auf? Legt man diese unbewussten Aspekte offen, bringt es die Menschen zum Nachdenken. Dabei fließt die Arbeit von Byron Katie recht häufig in mein Tun ein. Und ganz wichtig: Ich möchte auch Raum für Begegnung im Sinne von De-Anonymisieren schaffen. Wenn Menschen sich persönlich gegenübersitzen, entstehen positive Netze, entsteht Solidarität. Das ist auch Schwerpunkt meiner Arbeit bei Borowita. Ich biete sehr unterschiedliche Wege, z.B. Singkreise, Diskussionsrunden und natürlich Seminare wie das Einüben von friedfertigem Verhalten oder Achtsamkeitsseminare speziell für die Friedensbewegung.

Warum gerade die Friedensbewegung? Sind deren Aktive nicht besonders friedfertig?

Die Friedensbewegung unterliegt massiven Spaltungsversuchen. Dem wirke ich entgegen. Man muss und kann umdenken, das muss im Bewusstsein der Aktiven verankert werden. Dabei spielt auch der verbalgewaltfreie Umgang miteinander eine wichtige Rolle. Ein gelöster Konflikt führt zu Liebe und Frieden. In den 80er-Jahren wurde man mit Themen wie innerem Frieden noch belächelt. Das ist heute schon anders. Es geht auch um die Frage, wie man Konflikte vermeiden und aus der Gewaltspirale aussteigen kann. Ich kann nicht verhindern, dass gespalten wird, aber die Konsequenz darf nicht sein, nichts zu tun. Ich möchte Solidarität und gemeinschaftsorientiertes Denken durch meine Arbeit fördern. Dabei ist es wichtig zu erkennen, wo die Grenzen einer sinnvollen persönlichen Auseinandersetzung liegen. Man geht auch nicht zum Löwen und fragt: „Bist du auch Vegetarier?" Bei gewalttätigen Menschen muss man sich auch mal umdrehen und gehen. Das ist immer eine Gratwanderung.

Bist du auch außerhalb des Instituts aktiv?

Ja, in unterschiedlichen Bereichen. Ich war bei Pax Terra Musica dabei, gehe auf Friedenstagungen und schreibe für das Online-Magazin Rubikon. Dort bin ich auch als Ombudsfrau, d. h. als Schlichterin aktiv, um von Anfang an dazu beizutragen, eine Spaltung zu verhindern.

Wo liegt in deinen Augen das größte Risiko für den Frieden?

Ehrlich gesagt: im eigenen Inneren. Bin ich nicht in der Lage, mich selbst zu hinterfragen und an Konflikten zu wachsen, kann ich es im Außen nicht erwarten. Bin ich in irgendeiner Form von mir selbst getrennt, also gespalten, ist das Risiko von unfriedlichen Reaktionen enorm. Und Trennlinien im Innern wie im Äußeren gibt es mehr als genug. Viele Menschen werden von Angst getrieben. Angst, den Job zu verlieren, Angst vor Existenzbedrohung, Angst davor, an dieser schlechten Welt nichts verbessern zu können. Angst macht inaktiv.

Und die größte Chance – wo siehst du die?

Man kann viel Spaß daran haben, sich für etwas wirklich Schützenswertes einzusetzen. Die Vision, dass die Menschen trotz Streit lernen, miteinander harmonisch umzugehen, finde ich klasse. Durch Streit lernt man Versöhnung und Verzeihen. Jeder gelöste Konflikt bedeutet einen wichtigen Schritt in Richtung Frieden.

Dann weiter erfolgreiches Streiten und Versöhnen! Danke für das Gespräch.

Ute Brach

1964 im niedersächsischen Hinterland geboren, wohnhaft in Lüneburg, gelernte Fachdolmetscherin und Übersetzerin, vormals Alleinerziehende von Zwillingen, „1. Generation Hartz IV" und Minijobberin. Interessen: Schreiben, (Bio-)Gärtnern, Netzwerken und natürlich Politik.

Du engagierst dich für Politik? Warum?

Das ist für mich eine frühe Leidenschaft. Ich habe als kleines Kind mit meinem Opa Bundestagsdebatten und Werner Höfers Frühschoppen geschaut und las mit sechs bereits Zeitungen. Ich verstand zwar nichts, kannte aber alle Minister und Kanzler. Später auf dem Gymnasium wurde die konservative Lehrerschaft gerade mit 68er-geschulten Junglehrern aufgestockt – die haben mit uns viel politisch diskutiert. Das war die Zeit der Gruppen, aus denen dann die Grünen entstanden. Umweltschutz war ein großes Thema, Friedenspolitik und die Situation der „Dritten Welt". Ich habe erst viel später gemerkt, wie sehr die Zeit mich geprägt hat.

Was hat es mit dir gemacht?

Es gab zwei Schlüsselerlebnisse: 1980 der Protest gegen die Atommülllagerung im Wendland und besonders die „Republik Freies Wendland". Meine Freunde und ich wären gerne hin, durften aber nicht. So haben wir es im Fernsehen verfolgt. Das tolle selbstgebaute Dorf und die basisdemokratische Verwaltung waren genau, was wir uns als Leben und Gemeinschaft vorstellten. Wir haben geweint, als es die Räumfahrzeuge plattmachten. Und dann natürlich der Nato-Doppelbeschluss – die Debatte machte die Bedrohung durch einen Atomkrieg konkret. Ich protestierte 1983 in Berlin, meine erste große Demo. Wie eng die Themen „atomare militärische Aufrüstung" und „zivile Nutzung von Atomenergie" mit strahlendem Müll verknüpft sind, wusste ich noch nicht. Emotional und zeitlich gehörten sie für mich aber zusammen.

Das waren auch Themen in der Schule. Wir waren praktisch alle grün, linksalternativ und friedensbewegt – bis auf einen einzigen Schüler, der in der Jungen Union war und jeden Tag mit Anzug und Schlips zur Schule kam. Er war echt ein Exot und beteiligte sich nicht an den Diskussionen. Dass es auch ganz andere politische Einstellungen gibt, habe ich erst später erfahren. Das war eine krasse Situation.

Wieso?

Vor dem Abi habe ich das Gymnasium verlassen und bin zu einer Fremdsprachenschule gewechselt. Der Leiter war Ex-Jesuitenpriester mit hochklassiger Ausbildung. Wir mochten uns sofort. Als mir aufging, dass er politisch SEHR rechtskonservativ war, kam ich in Gewissenskonflikte. Er drängte uns nichts auf, aber ich wurde auf einmal mit einer völlig gegensätzlichen Richtung konfrontiert – und das schlimmerweise auf hohem Niveau. Das war ein Schock! Es half mir zu verstehen wie „die andere Seite denkt". Und das Wichtigste: Ich kann einen Menschen mögen, muss aber deshalb noch lange nicht politisch mit ihm übereinstimmen.

Du bist also nicht erst 2014 auf die Straße gegangen wie viele?

Nein, Demos gehörten für uns zum Meinungsausdruck und zum permanenten Prozess der Ent-Täuschung. Ich habe wie viele z. B. Rot-Grün als „die Rettung" gewählt. Oh, sind wir verarscht worden! Ein politisches Trauma. Die nächste Ent-Täuschung kam dann nach der Geburt meiner Zwillinge. Sie waren Frühchen und kamen auf die Intensivstation. Vom 06.09. bis zum 15.11.1989 lebten wir alle drei im Krankenhaus, genau in dieser Zeit fiel die Mauer. Das war bewegend, aber schon 1990 wurde klar, dass es eher eine feindliche Übernahme war. Wegen meiner Söhne war ich eine lange Zeit „Fernsehaktivistin". Das änderte sich erst wieder, als wir nach Lüneburg kamen, ganz nah ans Wendland.

Was war der Anlass – und was heißt für dich aktiv?

2003 waren das der Überfall der USA auf den Irak und die Hartz-Ge-setze, die ins Gespräch kamen. Dieser massive Eingriff in den Sozialstaat betraf direkt auch meine Kinder und mich. Deshalb fuhr ich 2004 nach Berlin zu der großen Gegen-Demo. Im Bus dorthin lernte ich einige Lüneburger Aktivisten kennen und schloss mich schließlich der kleinen LIgA (Lüneburger Initiative gegen Atomanlagen) an. Als LIgA betrei-ben wir Aufklärungsarbeit zum Thema Atomenergie, machten eigene Aktionen und waren gut vernetzt mit AktivistInnen aus dem Wendland und aus Geesthacht. Das KKW Krümmel war noch aktiv und Lüneburg lag in der Gefahrenzone. Zum Tschernobyl-Gedenktag 2005 saß ich noch allein mit Schautafel-Paravent in der Fußgängerzone, 2006 hatten wir bereits eine große Veranstaltung mit mehreren Einzelevents. Au-ßerdem organisierten wir im Herbst 2005 die große Auftaktdemo zum Castortransport als Team vor Ort. Als Verbindungsfrau zwischen LIgA und dem Trägerkreis aus großen Organisationen wie dem BUND, der Friedenskooperative, Xtausendmal-quer und anderen lernte ich einen sehr hohen Level an Aktivismus und Organisation kennen. Diese Zeit war aber auch das letzte Mal, dass ich für länger organisiert aktiv war.

Warum?

Ich interessiere mich für verschiedene Themen, das kann ich als Einzel-mensch besser nutzen und mich gezielt für Aktionen und Projekte ver-netzen oder vernetzen lassen. Ich bin freier, weil ich nur für mich selber spreche, nicht für eine Gruppe oder Organisation. Die sind ja manchmal sehr hermetisch und haben ihren eigenen Jargon. Spricht man dann mit Nichtmitgliedern, heißt es gern: „Die muss so reden, die gehört ja dazu." Ohne „Label" einfach von Mensch zu Mensch reden, ist viel fruchtbarer. Zusammenarbeit ergibt sich ja immer mal wieder – so habe ich mit sechs anderen „Unorganisierten" im Mai 2015 ein Friedensfestival in Lüne-burg auf die Beine gestellt. Der Anstoß dazu kam von einem Bekannten der Friedensmahnwache.

Zur Friedensmahnwache stieß ich im Sommer 2014 durch einen Flyer. Ich war regelmäßig dabei und bekam leider auch mit, wie die mediale Schmutzkampagne Wirkung zeigte. Im Sommer hatten wir noch 30 bis 40 Leute im großen Kreis mit Open Mike und tollem Spirit. Durch die Hetze wurden es jede Woche weniger, bis nur noch fünf Leute übrig waren. Ich war enttäuscht, dass sich so viele, gerade auch Altaktivisten, davon so beeinflussen lassen. Durch verschiedene Kanäle hatte ich früh erfahren, was wirklich in der Ukraine und auf dem Maidan passierte, wer da die Strippen zog und wie die Medien das krasse Gegenteil darstellten. Aber selbst die, die das wussten, glaubten den Medien, wenn es um die Mahnwachen ging. Schon verrückt!

Wie finden die Menschen dich?
Lüneburg ist nicht soo groß, inzwischen kennen mich viele Menschen aus den verschiedensten Bereichen. Ich staune manchmal selber.

Du unterstützt aber auch Projekte, oder?
Soweit es mir möglich ist, gerne! Wie Free21 zum Beispiel – aber das weißt du ja.

Stimmt. Danke – auch dafür!

Jan Dahlgrün

Geboren 1962 in Hannover, Mutter Schwedin, lebte lange in Schweden, heute in Potsdam, arbeitet als Architekt in einem Planungsbüro, Vater von vier Jungs und Opa von zwei Mädchen.
Hobbys: Fotografie, Singen und Tauchen.

Warst du schon immer politisch?

Nein. Ich war zwar in der 80ern Teil der Menschenkette gegen die Pershing-Raketen – aber damals war das Friedensengagement noch in der Gesellschaft verankert. Ich war zu jung für die 68er, und als ich studierte, ging es in den Demos um Studienordnungsveränderungen. Wir haben Polizisten geärgert, waren aber nicht wirklich politisch. Erst im Februar 2014 mit der Geburt meiner Enkelin änderte sich etwas. Ich bekam eine andere Lebensperspektive. Bei Enkeln blickt man weiter nach vorn. Ich fragte mich: Wie entwickelt sich unsere Gesellschaft? Und dann kam am 8. März 2014 das Schlüsselereignis.

Was war das?

Ich zappte durch die Kanäle – damals sah ich noch fern – und blieb bei BBC hängen. Man berichtete, dass MH370 verschwunden sei. Darauf hin hatte ich intuitiv ganz stark das Gefühl „Etwas stimmt nicht. Was ich höre, ist nicht die Wahrheit." Um mir das rational zu erklären, habe ich die Informationen zum Verschwinden der Maschine sehr sorgfältig analysiert. Dabei fielen mir enorme Unstimmigkeiten auf. Es gab zahlreiche Widersprüche, sodass ich begann, die Medien in Frage zu stellen.

Kannst du mir Beispiele dazu geben?

Der Pilot von MH370 hatte am Simulator verschiedene Ziele geprobt, darunter die Malediven und Diego Garcia. Wer kannte schon Diego Garcia? Dank Google erfuhr ich, dass es eine riesige US-Militärbasis im indischen

Ozean ist, deren Bevölkerung abgesiedelt worden war. Laut Flugbahn-analyse flog MH370 erst in Richtung Westen und bog dann entweder nach Süden oder Norden ab. Der direkte Weiterflug hätte in Richtung Malediven und Diego Garcia geführt. Dann fand ich die Meldung, dass der Flughafen auf Diego Garcia genau zu dieser Zeit für 72 Stunden geschlossen war. Ich habe das auf Facebook gepostet und meine Kontakte nach Erklärungen gefragt. Kurz danach war mein Posting gelöscht – ich hatte weder Screenshots noch Sicherungskopien gemacht. So wurde ich dann vollends skeptisch. Warum wird ein Post von mir gelöscht? Wenn es Unsinn wäre ... Hat man Angst, dass sich diese Infos verbreiten? Parallel berichteten die Medien über eine der größten Suchaktionen, die man je erlebt hat. Für mich war das eine massive Nebelkerze. Ich kann mich noch erinnern, dass in SPIEGEL ONLINE eine Liste von Erklärungen über die möglichen Ursachen des Verschwindens erschien. Vom Brand über Selbstmord – an vorletzter Stelle wurde Diego Garcia aufgeführt, direkt gefolgt von „Aliens aus dem Weltall". Meine persönliche Theorie lag an vorletzter Stelle vor den Aliens. Die Assoziation „Wer das sagt, ist ein Spinner" lag schon sehr nahe. Bis dahin hatte ich mich nie mit Medienmanipulation beschäftigt, aber aufgrund meines verschwundenen Postings fühlte ich am eigenen Leibe, wie Menschen manipuliert werden.

Ein Augenzeuge von den Malediven berichtete, die Maschine im Tiefflug gesehen zu haben. Die Meldung kam, wurde aber nach Stunden bereits dementiert. Weitere Augenzeugenberichte dazu kamen auch über US-Amerikaner, die selbst recherchierten. Offiziell hörte man nichts. Warum haben die Medien keine Journalisten hingeschickt, um den Augenzeugen zu interviewen? Keiner war interessiert. Und dann kam der Abschuss eines baugleichen Flugzeugs in der Ukraine, wieder stellten sich 1 000 Fragen. Ich kann zwar nichts beweisen, meine Erinnerungen sind aber sehr präsent. Seitdem bin ich sehr kritisch geworden und wusste, ich muss etwas tun.

Was tust du?
Ich tue meine Gedanken kund, weise die Menschen auf kritischen Umgang mit den Meldungen in den Medien hin. Da waren und sind die

Montagsdemos mit offenem Mikro – wöchentlich im Straßenraum – ideal. Jede Woche gibt es neue frische Medienberichte, die man kritisch hinterfragen und dabei auf mögliche Manipulationen hinweisen kann. Ich war anfangs in Berlin dabei, bald ging es auch in Potsdam los. Es gab und gibt unheimlich viel zu kritisieren. Ich informiere mich über Mainstream und alternative Medien, um durch ein breites Spektrum an Quellen die Propaganda zu erkennen. Man muss wissen, was man kritisiert, worüber man Menschen aufklären muss. Wir thematisieren auch regionale Wirtschaftskreisläufe oder soziale Missstände wie Hartz IV – uns gehen die Themen nicht aus.

Wie geht ihr mit dem Vorwurf um, dass die Mahnwachen rechts sind?
Das ist absurd – aber die ganze Bewegung wurde ja nach rechts geschoben. Da wurde eine ganz tolle Energie kaputtgemacht, und das mit Absicht. Will man jemanden bekämpfen, der sich immer montags trifft, dann gründe man montags eine rechte rassistische Gegenveranstaltung. Als mich einer meiner Söhne fragte, ob ich jetzt bei Pegida sei, wurde ich traurig. Wenn selbst mein eigener Sohn Pegida mit den Mahnwachen verwechselt …! Ich bin alles andere als rechts und alles andere als rassistisch. Aber man kann tun was man will, die Vorurteile bleiben.

Was hast du dann getan?
Ich war 2016 ein Jahr in der Flüchtlingshilfe aktiv. Ich wollte wissen, was wirklich los ist und habe in der Erstaufnahme vom DRK in Potsdam gearbeitet. Da war ich dann hautnah am Thema „Flüchtlinge" dran und konnte ab und zu montags zu der Mahnwache Flüchtlinge einladen und interviewen. Diese Gespräche waren dank Mikro auch sehr publikumswirksam. Die Menschen waren neugierig, und wir konnten das Bild der Medien zumindest in Potsdam etwas korrigieren. Von der überschwänglichen Willkommenskultur ist das Ganze ja schnell in unglaubliche Hetze in den Medien umgeschlagen – der perfekte Nährboden für die AfD. Was mir persönlich weh getan hat, ist, dass sich die Partei Die Linke dem Gegenwind gegen die Mahnwachen angeschlossen hat.

War das nicht frustrierend?

Ja, aber wir machen trotzdem weiter, auch wenn es sehr kalt ist. Im Februar 2018 hatten wir unsere 200. Mahnwache. Wir sind nicht viele, aber in Anbetracht meiner Enkelinnen bleibe ich dran. Ich möchte, dass sie in einer menschlicheren Welt mit objektiver Presse leben. Und es gibt immer positive Rückmeldungen von den Passanten, die uns für unser standhaftes Engagement danken. Selbst wenn man jeden Montag nur einem Menschen einen Impuls gibt, hat man etwas verändert. Dafür muss ich mich bei der Frage „Warum habt ihr nichts getan?" wenigstens nie schämen.

Dann weiter viel Stehvermögen!

Silvia Donninger

 Geboren 1957 in München, wohnhaft seit 1960 in Salzburg, verheiratet, Mutter einer Tochter und Vollzeit-Oma einer Enkelin, Bürokauffrau bis zur Rente 2017.
Hobbys: Schwimmen, Lesen – und den Menschen nahe bringen, warum wir eine komplette Änderung unseres Wirtschafts- und Finanzsystems brauchen.

Ist TTIP der Grund deines Einstiegs in die Friedensbewegung?
Erst kamen TTIP und der Hypo-Skandal in Österreich und kurz darauf die Ukraine-Krise. Ich habe gespürt, irgendwas stimmt nicht mehr. Weiter wie bisher machen weder Mensch noch Erde mit. Das wurde dann das Motto für mein Tun.

Wo engagierst du dich?
Durch Facebook habe ich seit 2013 zahlreiche Kontakte aufgebaut. Werner Nosko schrieb mich an, ob wir nicht gemeinsam etwas machen sollten. So entstand das TTIP-Aktionsbündnis Österreich. Zeitgleich ging es mit der ersten Friedensmahnwache Anfang Juni in Salzburg los, die ich mit Unterstützung ins Leben gerufen habe. Die zweite habe ich dann allein organisiert, Flyer gedruckt, angemeldet … was eben ansteht. Und obwohl das Wetter schlecht war, kamen immerhin 25 Personen. Aus dieser Gruppe entstand unsere Salzburger Montags-Info. Sechs Aktive haben sich zusammengetan und eine Zeitlang monatlich Informationsveranstaltungen in Salzburg organisiert.

Um was für Informationen ging es?
Eigentlich um alle Systemfragen. So war z. B. Dr. Otmar Pregetter zum Thema Geldsystem, Geldschöpfung und Zinseszins vertreten. Andere Themen waren Bildung, Agrar-Industrie, Wirtschaft oder Medien.

Heute treffen wir uns noch sporadisch zum Stammtisch und tauschen uns aus. Aktionen laufen im Moment keine, aber jeder ist weiterhin aktiv.

Wie denn?

Eine von uns lebt und arbeitet mittlerweile am Anastasiahof, wo gerade eine Aus- und Weiterbildungsstätte u. a. zur ökologischen Landwirtschaft aufgebaut wird. Ich betreue die TTIP-Seite und unterstütze Werner bei unserem Blog NPR-News. Damals haben wir auch die Bürgerinitiative gegen CETA gestartet. Das war sehr viel weiter fortgeschritten als TTIP. Während unserer Aktion „Nein zu CETA" im September 2014 lag TTIP noch in weiter Ferne. CETA war ausverhandelt, aber fast keiner kannte es. Trotzdem konnten wir knapp 1 000 Unterstützungserklärungen an die Bundesregierung übergeben und Werner wurde dann auch zu einem Hearing mit einem Vertreter der EU-Kommission und ExpertInnen im Petitionsausschuss eingeladen.

Tut sich bei TTIP überhaupt noch etwas?

Natürlich. Es gibt die TTIP Aktionsbündnis-Seite mit ihren zugehörigen Gruppen. Auf der Seite haben wir rund 47 000 Follower, in den Gruppen sind ca. 2 000 Mitglieder. Obwohl TTIP auf Eis zu liegen scheint, da Trump Freihandelsabkommen ja ablehnt, liest man von Nachverhandlungen. CETA und TISA sind mindestens ebenso kritisch zu betrachten. Auch wenn man von TISA, dem Dienstleistungsabkommen, fast nichts mitbekommt, im Hintergrund wird weiter verhandelt.

Wie schätzt du den Widerstand in Österreich gegen die Abkommen ein?

Glaubt man Medien und NGOs, sind 80 % der Österreicher gegen CETA, das ja jetzt erst vom Parlament ratifiziert werden muss. Eine Regierung, die das macht, handelt eindeutig gegen den Willen der Menschen. Die FPÖ hat ja vor der Wahl getönt, dass es mit ihnen kein CETA gäbe. Und jetzt stimmen sie alle dafür. Aber die Menschen lernen leider nicht dazu.

Trotzdem betreibst du die Seite sehr aktiv weiter?

Ja, weitestgehend im Alleingang. Im Moment beschäftige ich mich auf der Seite mit allen kritischen Themen und versuche Zusammenhänge herzustellen, die sich aus den vielen verschiedenen Informationen ergeben. Vormittags gibt es Aktuelles, nachmittags dann einen spezifischen Schwerpunkt. Das ist die wahre Arbeit. Es ist zeitaufwändiger, ein Thema durchgängig zu behandeln, als nur irgendwas zu teilen. Wichtig ist, dass unsere Leser einen Überblick erhalten. Aber meine Arbeit wird von Facebook nicht so sehr geschätzt.

Wurdest du auch schon durch Facebook behindert?

Leider immer öfter. Z.B. werde ich fürs Hochladen von Videos gesperrt, die ich wiederholen wollte, weil das Thema im Video immer noch brisant ist – doch auf einmal werden sie zensuriert. Diese Sperre dauert 3 Tage. Dann wird mir nach viermaligem Teilen eines Berichts, der durch alle Medien ging, mitgeteilt, dass mein Beitrag ein Spam sei – und ich darf eine Woche lang nichts mehr teilen. Auch Werner trifft es immer öfter mit Sperren. Sehr viele Follower berichten über die gleichen Probleme. Sie werden gesperrt, weil sie unsere Berichte teilen oder einfach selbst etwas posten – es wird immer schlimmer.

Wofür steht denn NPR?

NPR steht für Networking–Portal–Resistance: ein Widerstandsportal. Da kann man sich direkt informieren. Es schreiben mehrere Autoren zu den verschiedenen systemrelevanten Aspekten und es gibt eine Kolumne zu geschichtlichen Themen. Man kann sich für einen Newsletter anmelden und erhält die Informationen per Mail. Je mehr auf Facebook zensiert wird, desto wichtiger sind diese alternativen Kanäle. Wir wollen Menschen anregen, ins Handeln überzugehen. Auf NPR findet man daher einen Artikel „Es liegt in deiner Hand", in dem wir Vorschläge machen, was der Einzelne tun kann, ohne gleich auf die Straße zu gehen.
`npr.news.eulu.info/2016/06/08/es-liegt-in-deiner-hand/`

Hast du irgendwelche Einnahmen aus deiner Arbeit?

Nein. Wir machen das alles kostenlos. Es gibt zwar jetzt ganz neu einen Spenden-Button bei NPR News, einfach um die Kosten für Server, Flyer und Ähnliches zu decken, verdienen tut man aber nichts. Wir bekamen vor einiger Zeit ein Angebot, um mit unseren YT-Kanälen evtl. ein bisschen Geld zu verdienen. Dies lehnten wir jedoch ab, da wir unabhängig bleiben wollten.

Was treibt dich denn, das alles zu tun, das kostet doch Zeit?

Das stimmt, es sind zwei bis vier Stunden pro Tag, aber das ist es mir wert. Ich hab Sorge um die Zukunft meiner Tochter und meiner Enkelin. Ich verzweifele manchmal an der Ignoranz der Menschen. Man versucht zu vermitteln, was auf uns zukommt, wenn man keinen Widerstand leistet. Und dann wird man entweder nur belächelt, als Verschwörungstheoretiker diffamiert, oder es kommen Antworten wie: „Ich weiß es eh, aber was soll ich denn machen?" Es tut weh, dass viele an nichts außer Konsum, Shoppen und Spaß interessiert sind. Das gehört natürlich auch alles zum Leben dazu, aber ich frage mich immer, ob den Menschen die Zukunft ihrer Kinder egal ist? Die Welt gerät immer mehr aus den Fugen. Lässt man den Mächtigen freie Bahn, wird das keine schöne Zukunft für unsere Kinder. Ich kann da nicht tatenlos zuschauen.

Dir und allen Kindern dieser Welt eine schöne Zukunft!

Johannes Ehret

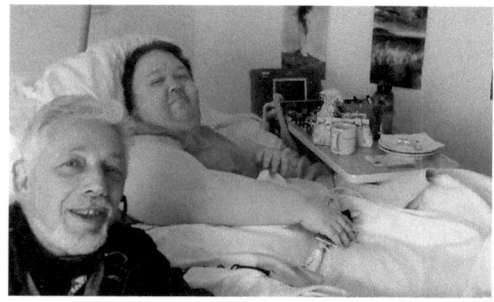

Geboren 1953, in Freiburg aufgewachsen, wohnhaft in Leipzig, Verwaltungsangestellter, Motorradfahrer, Menschenfreund, spätberufener Friedensaktivist und Russland-Fahrer

Seit wann bist du politisch aktiv?

Ich bin nicht politisch aktiv. Das was ich tue hat mit Menschlichkeit zu tun. Ob ich die Politik verändern kann, weiß ich nicht. Aber zumindest setze ich Zeichen. Ich bin frei und unabhängig und stehe für Frieden, Freundschaft und Völkerverständigung – ob das politisch ist, sollen andere beurteilen.

Du planst eine Friedensfahrt nach Russland, was willst du damit erreichen?

Ich fahre nach Russland, um den oder die Russen zu finden, die Kriege oder Konflikte mit Westeuropa insbesondere mit Deutschland wollen. Diese Menschen werde ich in Russland aber nicht finden.

Wie entstand die Idee?

Das ist eine längere Geschichte. 2014 habe ich Russen in Deutschland kennengelernt, die mich zu sich nach Chabarovsk, eine Stadt in Russland am Amur, nahe der Grenze zu China, eingeladen haben. Das habe ich mir natürlich nicht entgehen lassen und bin im August hingeflogen. Ein wirklich einmaliges Erlebnis – die Gastfreundschaft und Herzlichkeit der Menschen war echt überwältigend. Ich wurde vom einen zum anderen rumgereicht. Völlig fremde Menschen nahmen sich Zeit, mir die Welt zu zeigen. Eine Bekannte der Familie hat mich dann per Auto, Zug und Flugzeug durch halb Russland geschleppt. Wir waren in Moskau, St. Petersburg, Irkutsk und auf der Krim – überall habe ich die gleichen positiven Erfahrungen machen dürfen.

Wie war es denn auf der Krim?

Das war wirklich eigenartig. Ich bin da völlig unbedarft – direkt während der heißen Phase – reingeschlittert. Als Tourist habe ich mir alles angeschaut, was Touristen so unternehmen. Aber fast jeder, mit dem ich mich unterhielt – viele sprechen dort Englisch oder Deutsch – war heilfroh, zu Russland zu gehören. Ein völlig anderes Bild als es uns in Medien präsentiert wurde.

War das deine einzige Russlandfahrt?

Nein. Ich hatte Feuer gefangen und fuhr zum Jahreswechsel 2014 / 2015 wieder nach Chabarovsk. Ein Winter mit 39 Grad minus war spannend. Aber auch bei dieser Reise haben sich die Menschen rührend um mich gekümmert. Ausflüge bei meterhohem Schnee – faszinierend. Dann war ich in Rostov am Don, nochmals in Irkutsk und mehrfach in Chabarovsk. Als ich im Oktober 2016 wieder in Berlin landete, sah ich die Schlagzeile in der BILD-Zeitung – die massiv gegen Russland und Putin hetzte. „Putin will Krieg mit dem Westen" – das war die Botschaft. Aber das widersprach allem, was ich selbst erlebt hatte. Keiner meiner Eindrücke ließ sich mit dieser Schlagzeile auch nur im Ansatz in Einklang bringen. Da begann ich – endlich – massiv zu hinterfragen, was die Medien mit uns machen. Wollen sie uns in den Krieg treiben? Schreiben sie uns „kriegsreif"? Und: Was kann ich dagegen tun? Da ich seit 4 Jahren begeisterter Motorradfahrer bin, entstand die Idee einer Friedensfahrt quer durch Russland.

Warum fährst du nicht bei der Druschba 2017 mit?

Die Freundschaftsfahrt ist eine gute Idee, ich habe mich mit Owe Schattauer auch schon in Leipzig getroffen. Aber mir ist es ein Anliegen, allein ein Zeichen zu setzen. Wenn 1 000 Menschen fahren und es sind nur zehn darunter, die sich danebenbenehmen, färbt das auf alle Teilnehmer ab. Auch möchte ich in meinem Rhythmus unterwegs sein, Zeit haben mit Menschen zu sprechen und nicht einem Programm folgen. Für mein Handeln bin ich verantwortlich – nur alleine erhalte ich mir meine Unabhängigkeit.

Und wann geht es los?

Gute Frage. Die Entscheidung fiel im Dezember 2016. Zahlreiche Freunde hatten mir finanzielle Unterstützung zugesagt. Der Start war für den 17.03.2017 vorgesehen. Nachdem die Planung abgeschlossen und die Freistellung vom Arbeitgeber zugesagt war, die Kontakte für den Fall eines Falles zwischen Kaliningrad und Chabarovsk geknüpft und auch die Formalien mit der Botschaft abgeklärt waren … nachdem alles Notwendige geregelt war, zogen sich meine „Freunde" auf einmal fast alle zurück. Damit standen mir die Mittel nicht mehr zur Verfügung. Ein Musiker hat mir jetzt zwei Songs gewidmet, die man sich herunterladen kann. Jede Spende, die dafür eingeht, kommt der Fahrt zugute. Auch mein Arbeitgeber steht zu seiner Zusage. Ansonsten heißt es weiter Klinken putzen.

Wie ist die Resonanz?

Von den Medien gab es keine Reaktion, obwohl ich mit unzähligen Redakteuren gesprochen habe. Alle sind zuerst begeistert, wollen sich nach der Redaktionskonferenz melden, und dann nichts … Frieden mit Russland scheint nicht in die Blattlinie zu passen. Bei Privaten ist das Feedback durchwachsen. Teilweise sieht man es sehr positiv – gerade in Russland. Teilweise werde ich als Putin-Freund beschimpft, manche halten es nicht für machbar, weil ich zu alt bzw. zu krank sei und wieder andere werfen mir vor, kostenlos Urlaub zu machen.

Was entgegnest du diesen Vorwürfen?

Ich plane, die Reise im Herbst zu starten, also Teile der Strecke im Winter zu fahren. Wer das mit einer Urlaubsreise verwechseln will … bitte schön.

Und das Alter bzw. die Gesundheit – ist das nicht zu heftig?

Mit 64 ist man doch nicht tot. Bei zwei Herzinfarkten bin ich dem Teufel von der Schippe gehüpft – ich habe wohl noch etwas zu erledigen. Nur weil man mal krank war, darf man sich nicht zurücklehnen und auf den Tod warten. Außerdem kenne ich Menschen, die im Vergleich zu mir wirklich Probleme haben. Ronny, ursprünglich nur ein Facebook-Freund von mir, ist seit mehreren Jahren bettlägerig in einem Pflegeheim, hängt am Beatmungsgerät und ist gerade mal Mitte 40. Wenn ich ihn besuche, wird mir immer deutlich, wie gut es mir geht. Er wird mich virtuell auf der Reise begleiten – dem Internet sei Dank!

Du ziehst es also durch?

Auf jeden Fall – Krankheit hin oder her – ich werde fahren. Wann, wird sich zeigen. Die Infos dazu findet man unter the-visitor.de. Der Name sagt, was ich vorhabe. Ich fahre als Besucher – als Visitor – nach Russland, um dort mit Menschen über Frieden zu sprechen. Auf der Webseite findet man alle Informationen. Ich fahre los, sobald genug Spenden eingegangen sind.

Dann wünschen wir dir auf jeden Fall viel Glück, dass es klappt!

Paul Ettl

Geboren 1955 in Aschach an der Donau in Oberösterreich, wohnhaft in Linz, Mathematik-Studium. IT-Kaufmann & Unternehmensberater und Familienvater mit Tochter, der sich mit Modelleisenbahn und Ahnenforschung beschäftigt.

Wie kommst du zum Thema Frieden?
Seit meiner Jugend und besonders in der Studienzeit haben mich politische Themen umgetrieben. Darum habe ich neben dem Studium der Mathematik auch Politik & Philosophie belegt. So nahm ich an der Universität Salzburg Anfang der 80er-Jahre an einem der ersten Projekte im Bereich Friedensforschung teil. In den Jahren darauf blieb ich aktiv und wurde Mitglied und Mitwirkender der Universal Peace Federation (UPF) – einer internationalen Organisation. Auch in der Zeit, in der ich als Unternehmer eine eigene IT-Firma leitete, war mir die Friedensforschung immer ein wichtiges Anliegen.

Und seit wann bist du Vollzeit aktiv in der Friedensbewegung?
2010 beschloss ich, mein Leben nochmals zu verändern: ein anderer Weg, ein anderer Schwerpunkt als die IT. Angeregt durch eine Friedenskonferenz in Jerusalem, an der ich im August 2010 teilnahm, entstand die Idee der Friedensakademie in Linz. Im November gründete ich gemeinsam mit einigen Freunden den Verein, bereits 2011 führten wir erste Veranstaltungen durch.

Wofür steht die Friedensakademie?
Frieden ist für mich nicht das Gegenteil von Krieg, sondern das Gegenteil von Unfrieden. Es geht uns daher um den Frieden im Einzelnen, Frieden in der Familie, friedliche Beziehungen zwischen den Religionen

und eine wertschätzende, friedliche Wirtschaft, die nicht auf Gier, Neid und Angst, sondern auf Kooperation, Wertschätzung und Gemeinwohlorientierung aufbaut. Der politisch-militärische Aspekt wird angesprochen, ist aber kein Schwerpunkt. Es gibt zahlreiche Gruppen und Initiativen, die sich mit dem politischen Frieden beschäftigen. Uns geht es um nachhaltige Friedensgestaltung. Dazu veranstalten wir Vorträge, Filmabende, Seminare, Workshops und Exkursionen. Seit November 2016 ist die Friedensakademie mit dem Qualitätssiegel für Erwachsenenbildung zertifiziert. Aktuell liegt unser Fokus auf einem Lehrgang für nachhaltige Friedensgestaltung. Umfassende Informationen findet man natürlich auf unserer Webseite.

Kann man von Friedensarbeit leben?

Nein. Ich mache das ehrenamtlich. Ich habe meine Firma verkauft, um meine Friedensarbeit bis zur Pensionsberechtigung im Jahr 2020 zu finanzieren.

Warum machst du das?

Frieden ist mir ein Herzensanliegen – und während meiner unternehmerischen Tätigkeit habe ich die Bedeutung einer werteorientierten Wirtschaft als eine der wichtigen Grundlagen erkannt. Das versuche ich auch persönlich in meinen unterschiedlichen Tätigkeiten zu vermitteln.

Bist du auch in anderen Organisationen tätig?

Oh ja. Ich engagiere mich im Bereich der Gemeinwohl-Ökonomie (GWÖ), bei WIR GEMEINSAM, einem Tauschkreis mit zeitbasierter Alternativwährung, bei Aktionen für das bedingungslose Grundeinkommen und für die Bank für Gemeinwohl. Mit diesen Projekten haben wir auch Kooperationen mit der Friedensakademie, und die Treffen der Regionalgruppen finden oft in unseren Räumlichkeiten statt.

Als offizieller Referent der GWÖ halte ich einen bis zwei Vorträge pro Monat, für Unternehmer, an Universitäten und Schulen und letzthin bei einem Lehrerfortbildungskongress in Bayern. Betriebe weise ich auf die Möglichkeiten und Chancen der Gemeinwohl-Bilanz hin und kümmere mich um die Vernetzung in Oberösterreich.

Ich habe den Eindruck, dass du sehr breit vernetzt bist.

Ja, ich versuche überall dort vertreten zu sein, wo es um nachhaltiges und friedliches Wirtschaften geht. Und das bedeutet, nicht nur in der alternativen Szene aktiv zu sein, sondern auch im „normalen" System. So bin ich in der Lage, Brücken zwischen den verschiedenen Welten zu bauen.

Brücken zwischen Friedensaktivismus und Wirtschaftskammer?

Ja genau. Als Unternehmer war ich in der Wirtschaftskammer in verschiedenen Funktionen tätig. 2016 und 2017 war ich dann oberösterreichischer Landessprecher der CSR-Consultants Expert Group in der WKO Österreich. Für manche Leute in der Wirtschaftskammer ist die Gemeinwohl-Ökonomie – noch – ein rotes Tuch, der Kommunismus in Reinkultur. Gleichzeitig arbeitet ein großer Anteil der meist familiengeführten Unternehmen in Österreich bereits nachhaltig und gemeinwohl-orientiert, da sie ihren Betrieb auch für die Kinder und Enkel erhalten wollen und die Verantwortung in der Gemeinde / Kommune wahrnehmen. Dadurch, dass ich sowohl als Unternehmer als auch als Vertreter der Gemeinwohl-Ökonomie bekannt bin, kann ich diese Welten zusammenführen – speziell dort, wo es um Werte geht.

Welchen Stellenwert haben denn Werte?

In familiengeführten Unternehmen spielen Werte eine viel größere Rolle als in managergeführten Unternehmen, die primär an Quartalszahlen orientiert agieren. In einem Konzern ist eine Investition in Maschinen fast immer etwas Positives. Sie wird im Anlageverzeichnis der Bilanz erkennbar dargestellt. Für die Investition in Menschen gilt das nicht. Im Gegenteil. Fördert man die Qualifikation der Mitarbeiter durch Schulungen, schmälert das sogar den Gewinn. Die höhere Qualifikation ist in einer normalen Bilanz nicht sichtbar. Diese nicht-monetären Werte einer Firma sind aber entscheidend für ein nachhaltig ausgerichtetes Wirtschaften. Wie kann man sie darstellen? Dieses Thema hat mich schon seit fast zehn Jahren umgetrieben. Dann traf ich Christian Felber, den Begründer der GWÖ. Die in seinem Buch „Gemeinwohl-Ökonomie" vorgeschlagene Gemeinwohl-Bilanz scheint mir da die passende Lösung. Werteorientiertes Wirtschaften als Grundlage einer friedlichen Gesellschaft war auch einer der Gründe, dass es zur Gründung der Friedensakademie kam.

Inwiefern?

Ich bin ja Unternehmer und halte den Frieden in der Wirtschaft für enorm wichtig. Das Thema einer werteorientierten, friedlichen Wirtschaft wurde von anderen Friedensorganisationen aber bisher nicht vertreten. Mein MBA-Studium habe ich 2012 mit einer Masterarbeit mit dem Titel „Die Bilanz der Zukunft? Menschliche Werte in Unternehmen und Gemeinwohl-Bilanz" abgeschlossen. Diese ist inzwischen auch im deutschen GRIN-Verlag als Buch erschienen. Die Arbeit daran hat mir erneut bestätigt, wie wichtig eine werteorientierte Wirtschaft für den Frieden ist.

Wo kann man sich ausführlicher informieren?

Auf der Webseite der Friedensakademie friedensakademie.at gibt es umfassende Informationen zu allen unseren Themenschwerpunkten, Infos über die Gemeinwohl-Ökonomie findet man auf ecogood.org.

Danke für deine Zeit & dein Engagement für den Frieden!

Jenny Friedheim

Jahrgang 1958, geboren und wohnhaft in Bremerhaven, verheiratet, zwei Söhne. Gelernte Bibliothekarin, früher Unternehmerin, heute Hausfrau und überzeugte Freiheitsaktivistin. Hobbys: Neugier, Naturwissenschaft, Psychologie, Geschichte, meine Tiere, Garten und Selbstversorgung, Reisen mit Wohnmobil

Freiheitsaktivistin – was heißt das?
Freiheit ist für mich eine Lebenseinstellung. Ich achte sehr darauf, dass meine Freiheit nicht angetastet wird. Es geht um die Freiheit meiner Gedanken, meiner Äußerungen, meines Handelns. Ich lasse mich ungern gängeln – frei zu sein ist für mich ein Grundbedürfnis wie Atmen.

Darum bist du Aktivistin geworden?
Ja! Ich sah meine Freiheit durch konkrete Bedrohungen zunehmend eingeschränkt – ACTA, ESM, INDECT sind für mich Eingriffe in das Selbstbestimmungsrecht. Außerdem will ich meine Söhne nicht im Krieg verlieren. Ich musste einfach aktiv werden.

Aktiv werden heißt was?
Zum Thema ESM habe ich 2012 alle Bundestagsabgeordneten aus Schleswig-Holstein, Hamburg, Bremen, Niedersachsen und halb NRW direkt angeschrieben und erläutert, warum der ESM nicht befürwortet werden darf. Am Tag der Abstimmung zum ESM gab es Proteste, gleichzeitig fand der Hungermarsch gegen Nahrungsmittelspekulation von Frankfurt nach Berlin statt. So fing meine Demo-„Karriere" an. Mein Mann und ich schlossen uns dem Hungermarsch ab Erfurt für 3 Tage an und haben auch die letzten zwei Etappen nach Berlin mitgemacht. Bei den Protesten gegen INDECT und Monsanto und für Recht auf sauberes

Trinkwasser bin ich zuerst mitgelaufen, wurde aber zunehmend als Sprecherin aktiv. Am 12.04.2014 haben wir in Bremerhaven die erste Mahnwache organisiert. Anschließend war ich jeden Montag auf der Straße.

In der Mahnwachen-Szene bist du sehr bekannt. Wie kommt das?
Das kam durch meine Rede bei der ersten bundesweiten Mahnwache im Juli 2014 in Berlin. Bei der Mütterrede ging es nicht um die klassischen Themen der Politik, sondern ich machte – mit Bezug auf das alte Griechenland – deutlich, was Krieg aus der Sicht der Mütter heißt. Es ging um Lysistrata und die Möglichkeit der Frauen, durch Liebesentzug den Kriegen der Männer ein Ende zu setzen. Darauf folgten Anfragen, ob ich auch woanders reden könnte. Im Herbst bin ich von einer Mahnwache zur nächsten gefahren, immer mit anderen Themen. Bei der ersten globalen Mahnwache am 06.12. gab es in Wien dann die „Arschloch"-Rede.

Bitte was?
Die Mahnwachen waren 9 Monate alt, es war an der Zeit, das Kind auf die Welt zu bringen. Unser Kind hatte viele Eltern. Aber damals begann bereits die leidige Distanziritis. Das wollte ich mit der A-Rede verdeutlichen. Kurz erzählt: Die Organe des Körpers streiten sich, wer der Boss ist. Das Hirn, weil es voraus denkt, die Augen, weil Sehen so wichtig ist, die Ohren, die Beine … Zum Schluss sagt das A-loch „Ich bin der Boss!", worauf ihn alle auslachen. Da meinte das A-loch: „Dann seht zu, wie ihr ohne mich auskommt" – und stellte die Arbeit ein … Die Folgen waren so unangenehm, dass alle nachgaben. Das zeigt: Selbst Arschlöcher sind wichtig – und wenn nur um zu demonstrieren, wie es nicht sein sollte.

Wie lange warst du auf den Mahnwachen dabei?
Meine letzte war 2016 die 100. in Hamburg, seitdem fahre ich lieber Protestkonvois. Das Absperren durch Polizei und die Auseinandersetzung mit den Antifanten ging mir auf die Nerven.

Wie kam es zu den Protestkonvois?

Bei der Demo in Ramstein waren wir so eingekesselt, dass niemand Zugang zur Demo hatte. So entstand die Idee der mobilen Mahnwache. Schließlich wollen wir ja von Menschen gesehen und gehört werden, die nicht bei der Demo aktiv sind. Den ersten Konvoi gab es zur 3. bundesweiten Mahnwache. Wir sind mit unseren bemalten Fahrzeugen in Hannover gestartet und bis Berlin gefahren. Mein Wohnmobil „Das Friedens-Mutterschiff von Deutschland" fuhr voraus. Seitdem fahren wir regelmäßig. Das schöne am Konvoi ist, dass man ihn nicht aufhalten kann. Werden wir von der Polizei gestoppt, stehen unsere Fahrzeuge gut sichtbar am Straßenrand. So gibt es jede Menge Aufmerksamkeit von Passanten und Autofahrern, die Zeit haben, die Texte auf unseren Fahrzeugen zu lesen. Es wäre mein Traum, wenn sich in den Städten kleine Gruppen zu Konvois aufraffen könnten, als Deutschland-weite Dauerdemo. Leider haben die meisten Hemmungen, ihre PKWs zu beschriften. Aber es gibt ja noch andere Möglichkeiten, für Aufmerksamkeit zu sorgen.

Welche denn?

Guerilla-Dekorateure beispielsweise. Jeder kann seine Fenster mit Friedensparolen beschriften, Post-its mit Web-Adressen an Supermarktregale hängen, Kreidebotschaften auf der Straße hinterlassen oder Free21 in Wartezimmern von Ärzten oder Friseuren verteilen. Das Dekorieren der eigenen Stadt ist jedem mit ganz geringen Mitteln möglich. Man braucht keine Orga, muss sich mit niemandem abstimmen, um eigene Themen an die Öffentlichkeit zu bringen. Solange man nichts verwendet, was nicht einfach, rückstandslos und unzerstört entfernt werden kann, ist das ganz problemlos. Jeder hat andere Trigger. Irgendwann sieht der Richtige das richtige Thema – das wäre eine Methode, um Menschen Impulse zu geben. Der Mainstream berichtet über vieles nicht. So können wir Aktivisten informieren. Die Mahnwachen waren eine Informationsbewegung. Wir haben über Dinge informiert, die nicht bekannt werden sollten. Das war meines Erachtens einer der Gründe, warum wir so sehr angegriffen wurden.

Was hast du 2018 vor?

Wir werden wieder Konvois fahren. Dann gibt es die 4. bundesweite Mahnwache zu Pfingsten und auch bei Pax Terra Musica möchte ich dabeisein, wenn es der Garten erlaubt. Ansonsten mache ich Videos und poste im Netz zu den verschiedenen Themen – solange sie mich noch lassen. Das setze ich fort. Mir ist wichtig zu vermitteln, dass der Frieden vom Einzelnen im direkten Kontakt mit dem eigenen Umfeld ausgehen muss. Wer sich ständig streitet, trägt dazu bei, dass Krieg nicht aufhört. Es ist Wandel im Bewusstsein der Menschen nötig. Die Gier nach Geld, nach Aufmerksamkeit, nach Macht muss ein Ende finden, bevor wir eine friedliche Welt haben können. Das ist ein Generationenprojekt, das mit der Erziehung der Kinder beginnt.

Wir müssen aufhören, Recht haben zu wollen. Andere müssen nicht so denken wie ich. Freiheit ist immer auch die Freiheit des Andersdenkenden. Schluss damit, das Haar in der Demo-Suppe zu suchen. Nicht meckern und um „nichts" streiten, sondern selbst tun und für Veränderung sorgen. Diese Entwicklung muss in Gang gesetzt werden, den Erfolg werden wir nicht mehr sehen, aber jemand muss damit anfangen.

Dann wünsch ich dir und uns weiter viel Geduld!

Marco Glowatzki

Geboren 1972 in Crivitz bei Schwerin, gelernter Damen- und Herrenschneidermeister seit 2003 mit eigenem Maßatelier, bis November 2017 wohnhaft in Hamburg, jetzt in Syrien.

Du gehst nach Syrien?
Ja. Momentan löse ich meine Firma und meinen Hausstand in Hamburg auf, verkaufe also meinen gesamten Besitzstand in Deutschland, um an der Westküste mit dem Geld eine Atelierschule für Schneider aufzubauen.

Wie kommt man dazu, in Syrien eine Schule zu eröffnen?
Die Gründe sind vielschichtig. Ich kenne Syrien schon seit Jahren, war oft da – das erste Mal in den 90er-Jahren, das letzte Mal von Dezember 2016 bis Januar 2017. Früher konnte man noch direkt von Hamburg nach Latakia fliegen. Ich habe viele Freunde dort und bei meiner letzten Reise entstand dann der Plan, dass ich auf Dauer nach Syrien gehen werde. Die Schule ist meine Möglichkeit, etwas zu einer friedlichen Zukunft im Land beizutragen.

Persönliche Kontakte nach Syrien sind ja eher selten. Wie kam es bei dir dazu?
Das ist ein Relikt der DDR-Zeit. Bei uns gab es zahlreiche ausländische Studenten, viele davon aus Syrien. Der Vater meines besten Freundes hat in Dresden Maschinenbau studiert. Bei Pioniernachmittagen trafen wir

Studenten und deren Kinder. Nach der Wende ging der Kontakt leider verloren, aber über Facebook haben wir uns wiedergefunden.

Und warum eine Schneiderschule in Syrien?

Das ist einfach: Weil es so etwas dort nicht gibt. Unser duales Ausbildungssystem mit Fachtheorie und Praxis sowie internationalem Abschluss ist so nicht bekannt; ich wäre der Erste, der diese Ausbildung anbietet. Ein Knopfloch von Hand zu sticken muss man eben lernen. Wirkliche Top-Qualität wird in Syrien bisher nicht hergestellt, obwohl diese bei Veranstaltungen wie der Latakia Fashion Week oder der Damaskus Fashion Week sehr wohl geschätzt wird. Die Menschen, die es sich leisten können, kleiden sich in Beirut ein. Eine Kombination aus Haute Couture, solidem deutschem Handwerk, hochqualitativer Handarbeit – und das alles nach dem Ausbildungssystem der deutschen Handwerkskammer – wäre die Grundlage dafür, auch in Syrien qualitativ hochwertige Mode nach internationalem Standard herstellen zu können. Eine qualifizierte Ausbildung ist damit konkrete Hilfe zur Selbsthilfe – für ein Land, das massiv unter dem Krieg und den westlichen Sanktionen, und bedingt dadurch auch unter Bevölkerungsabwanderung, leidet.

Also ist das für dich ein soziales Projekt?

Ja natürlich. Nur das. Der Luxus aus Hamburg, mein sehr repräsentatives Haus und die aufwendige Ausstattung waren notwendig, um dort die Top-Kunden zu gewinnen, die an derartiger Arbeit auch interessiert sind. Das ging nicht aus einem Hinterhof heraus. Mit dem Verkauf meines Besitzstandes und einigen Spenden werde ich mein Ausbildungsprojekt, die Atelierschule, gründen und zunächst 8 bis 10 Schüler ausbilden.

Wo willst du denn die Schule aufbauen?

In einem Gebiet, das sich Golden Sand nennt – also im Raum Tartus, Latakia und Banias. Dort haben syrische Unternehmer, höhere Beamte und Regierungsmitglieder ihre Häuser, und auch reiche Perser, Araber und Russen sind dort angesiedelt. Eben genau die Menschen, die sich hochqualitative Mode leisten können. Schließlich soll sich die Schule irgendwann finanziell selbst tragen. Dafür muss es Kunden geben, meine Geldmittel werden auf Dauer nicht ausreichen.

Du hast Erfahrung mit der Ausbildung von jungen Menschen?
Ja. Ich habe in Hamburg Schüler, Praktikanten und Lehrlinge ausgebildet, und alle meine Lehrlinge hatten Top-Ergebnisse. In Hamburg gibt es Modefachschulen, für die die Schüler viel Geld bezahlen müssen – für einen Abschluss, der international nichts wert ist. Das möchte ich in Syrien nicht so handhaben. Meine Schüler werden kostenlos ausgebildet, zahlen also kein Schulgeld. Nach zwei Jahren verfügen sie dann über einen international anerkannten Berufsschulabschluss, mit dem sie entweder eine Anstellung bekommen oder sich selbstständig machen können.

Hast du schon Lehrlinge in Aussicht?
Ich habe schon sehr viele Bewerbungen, bis jetzt sind es 40 Anfragen. Aber einen Schritt nach dem anderen: Zunächst muss ich einen Standort für die Schule finden, die baulichen Regelungen umsetzen, die Genehmigungen seitens Bildungs- bzw. Wirtschaftsministerium einholen – der ganz normale bürokratische Prozess wie überall. Dann muss ich noch die Ausstattung – Nähmaschinen, Bügelanlagen usw. – beschaffen. Aufgrund von Transportkosten und Zoll ist es wesentlich günstiger, diese vor Ort in Syrien oder im Libanon neu oder gebraucht zu erwerben. Eine 1 000 Euro teure Nähmaschine aus Deutschland verschlingt dank Steuer, Transport und Zoll nochmals den gleichen Betrag, bis sie in Syrien ist. In Syrien selbst oder im Libanon kann ich sie für 400 Euro kaufen.

Und wie soll sich die Schule auf Dauer finanzieren?
Es gibt drei Finanzierungssäulen. Erstens: Ich will meinen Atelierbetrieb für Maßanfertigungen wieder eröffnen. Zweitens: Es wird einen schuleigenen Shop geben, in dem die Schüler eigene Entwürfe anfertigen, diese umsetzen und selbst präsentieren und verkaufen. Dessen Einnahmen fließen natürlich in die Schule. Die dritte Möglichkeit kann erst nach der Aufhebung der Sanktionen greifen: Die syrische Baumwolle ist weltweit die qualitativ hochwertigste, seit den Sanktionen jedoch auf

dem Weltmarkt nicht mehr erhältlich. Mit dem Ende der Sanktionen werde ich eine hauseigene Kollektion daraus erstellen und diese fairtrade vertreiben. Aber das ist noch Zukunftsmusik.

Es ist ein radikaler Schritt, den du da gehst – kannst du dir ein Weiterleben in Deutschland nicht mehr vorstellen?
Nein. Undenkbar. Mir ist egal, unter welchen materiellen Umständen ich lebe. In Syrien wohne ich zunächst im kleinen Gästehaus eines guten Freundes. Luxus brauche ich keinen. Möbel, Dinge – das ist alles ersetzbar. Menschen, Menschlichkeit ist viel wichtiger. Und Menschlichkeit, Gastfreundschaft und Herzlichkeit sind in Syrien viel ausgeprägter als in Deutschland, ähnlich wie ich es noch aus DDR-Zeiten kenne. Syrien war, ist eben immer noch mein Bruderstaat – und bald meine neue Heimat.

Ist die Lebenswirklichkeit in Syrien nicht sehr anders als in Europa? Wie sieht es mit anderen Lebensmodellen aus, z. B. Homosexualität?
Es gibt in Deutschland dazu völlig falsche Vorstellungen! Syrien ist kein islamischer, sondern ein säkularer Staat, genauso wie Deutschland. Zumindest in den Großstädten gibt es Bars und Clubs, in denen sich die syrische Gay-Community trifft, völlig unbehelligt. Man weiß es, aber man spricht nicht darüber. In Syrien stehen auch zumeist Moscheen und Kirchen dicht beieinander. Ich kenne Frauen mit offenen langen Haaren und Frauen mit Kopftuch. Sunniten, Alaviten, Christen, orthodox oder nicht, sie sitzen zusammen, spielen Schach – zwischendurch gehen sie beten – und dann spielen sie weiter Schach und trinken Kaffee … das ist alles völlig normal. Überall dort, wo der Daesh bzw. die laut westlichen Medien sogenannten „gemäßigten" Islamisten zu finden sind, ist das anders. Aber sonst kann man überall frei leben, vielleicht freier als in Deutschland. Denn dass meine Facebook-Seite `facebook.com/marco.glowatzki.3` immer wieder gesperrt wird, weil ich regelmäßig ein anderes Bild von Syrien vermittele, als es dem generellen Narrativ entspricht, ist in meinen Augen kein Zeichen von Freiheit.

Kann man dich unterstützen?

Auf jeden Fall würde ich mich über Spenden riesig freuen. Details dazu erhält man unter der `atelier@mm-couture.com`.

Viel Erfolg und Danke für dein Engagement!

Hartmut „Hardy" Groeneveld

Geboren 1972 in Hannover, wohnhaft in Karlsruhe, verheiratet, 4 Kinder, Dipl.-Kaufmann, Channel Manager im IT-Umfeld. Hobbys: Free21, die Familie + Hund, Mitglied von Schalke 04, Motorrad fahren, geopolitische und gesellschaftliche Themen

Seit wann bist du politisch aktiv?
Das ist schwer zu sagen. Es fing wohl kurz vor den Mahnwachen an. Ich begann, mich für geopolitische Themen zu interessieren, war einer der frühen User von KenFM und habe, nach dem Interview mit Tommy Hansen, Free21 vom ersten Moment an mitverfolgt. Irgendwann wurde ich dann selbst aktiv.

Das heißt ...?
Ich habe mich zunächst sehr ausführlich informiert; habe an den bundesweiten Mahnwachen teilgenommen, wo ich Lukas Puchalski von Free21-Abo kennengelernt habe. Auch bei den Demos in Ramstein bin ich immer dabei. Es war und ist mir wichtig zu sehen, dass man nicht allein mit seinen Gedanken ist, und gleichzeitig ein Zeichen für die Öffentlichkeit zu setzen. Leider nimmt mein Job viel Zeit in Anspruch, ich bin viel unterwegs, sodass ich nicht so aktiv sein kann, wie ich es gerne wäre. Aber bei Free21 habe ich Aufgaben, die sich auch gut mal zwischendurch erledigen lassen.

Wie bist du zu Free21 gekommen?
Das Interview auf KenFM hat mich total angesprochen, Tommy Hansen als Mensch hat mich mit seiner ruhigen und überlegten Art fasziniert. Und die Idee hat mich begeistert. Die guten Artikel im Internet sollten allen zur Verfügung stehen. Einmal ausgedruckt können sie nicht mehr

verändert werden. Außerdem lassen sich Artikel an jeden weitergegeben. Also bin ich gleich Abonnent geworden. Spannend war die Reaktion meines 80-jährigen Schwiegervaters. Nachdem er es gelesen hatte, kam als Feedback, dass Free21 tausendmal besser als der SPIEGEL sei. Da war mir dann endgültig bewusst, wie wichtig das Magazin ist.

Wieso?
Wir Jüngeren sind Internet-affin. Ältere haben nicht den Zugang, außerdem hat das Netz Glaubwürdigkeitsprobleme. Hat man aber ein professionell gestaltetes Magazin in der Hand, kann man es lesen, Quellen überprüfen und alles hinterfragen, wenn man Zeit hat. Das fand ich so überzeugend, dass ich aktiv mitarbeiten wollte.

Wie bist du dann eingestiegen?
Zunächst eben als aktiver Abonnent. Dann bekam ich mit, dass in Dortmund ein Vortrag mit Tommy Hansen zum Thema Medien lief. Ich nahm mit dem dortigen Veranstalter Kontakt auf, um zu erfahren, ob auch etwas in Karlsruhe geplant sei. Die Antwort war der Schlüssel: „Geplant ist nichts, aber magst du nicht einen Abend organisieren?" Da hätte ich selbst drauf kommen können …

Nach kurzer Abstimmung habe ich die Veranstaltung dann vorbereitet – und es war in meinen Augen ein großer Erfolg: In einem Raum für 50 Personen drängten sich 60 Besucher. Das hat Spaß gemacht und sehr viel Motivation gegeben. Im Anschluss habe ich dann schnell „Free21-Karriere" gemacht, war beim Free21-Vernetzungstreffen dabei, arbeite als Facebook-Admin und Researcher mit und organisiere Free21-Treffen in der Region.

Das klingt nach viel Aufwand, wie schaffst du das?
Auch wenn man wenig Zeit hat, kann man sich immer eine Stunde Zeit nehmen. Mein Ziel ist es, einen Artikel pro Woche zu researchen – das ist machbar. Als Facebook-Admin poste ich Free21-Artikel immer mal wieder zwischendurch. Egal, wo man ist, auch auf Dienstreisen lassen sich Wartezeiten dank Handy so sehr nützlich überbrücken. Artikel teilen kann wirklich jeder – und je mehr das tun, desto wirksamer werden wir.

Gab es Rückmeldungen aus deinem Umfeld?

Ja, und die waren überwiegend sehr positiv. Manche trauen sich ja nicht, kritische Artikel zu teilen, da man sonst schnell als Verschwörungstheoretiker gilt. Aber mein Facebook-Freundeskreis hat überraschend gut reagiert. Menschen, mit denen ich kaum bzw. lange keinen Kontakt hatte, haben sich auf einmal wieder gemeldet und mich in meinem Verhalten bestärkt.

Warum engagierst du dich überhaupt?

Das ist eine gute Frage. Ich frage mich eher: Warum habe ich früher nichts getan? Warum war ich so naiv, alles zu glauben? Warum war ich der klassische „Mainstream-Mensch"? Für mich war alles okay, bis mir irgendwann – ich kann nicht mal sagen, wann genau – bewusst wurde, dass vieles nicht zusammenpasst. Richtig deutlich wurde mir das, als ich Informationen zur Brutkastenlüge erhielt. Da wurde mir deutlich, dass man mich komplett – Entschuldigung – verarscht hatte. Daraus entstand der innere Antrieb, nach Wahrheiten zu suchen. War die Brutkastenstory eine Lüge, was stimmt sonst noch alles nicht? So kam ich von einem Thema zum nächsten und musste feststellen, dass die Welt ganz anders ist, als ich es mir gedacht hatte. Ob Ernährung, Pharma-Industrie, Massentierhaltung, Kriege: So kann es nicht weitergehen.

Ich will aber nicht nur wissen, was los ist. Ich will für mich, meine Kinder, für alle Menschen, für alle Lebewesen eine lebenswerte Zukunft mitgestalten. Ich wünsche mir eine Zukunft weg von Profitgier und Ellenbogen und hin zu menschlichen Werten. Dafür kann und muss ich aktiv sein. Seit 1,5 Jahren bin ich zu 100 % Vegetarier und zu 90 % vegan – nach dem Film Cowspiracy konnte ich nicht anders. Das ist ein Beitrag. Meine – wenn auch eingeschränkte – Mitarbeit bei Free21 ist ein weiterer. Wenn jeder nur ein wenig tut, wird schon sehr viel geändert.

Free21 Live – eine Art Stammtisch – zu organisieren ist aus unserer Sicht natürlich ein wichtiger Beitrag. Wie kam es dazu?

Die Idee entstand bereits während des Vortrags. Da waren 60 Menschen, die ich mehrheitlich vorher nicht kannte. Es galt einfach, den Kontakt aufrecht zu erhalten. Als erstes habe ich dann die Seite „Free21 Karlsruhe" in Facebook eingerichtet, als nächstes kam dann die Organisation regelmäßiger Treffen. Ein Facebook-Event ist schnell erstellt, das muss man dann entsprechend teilen und für Werbung sorgen.

Und die Resonanz?

Beim ersten „Free21 Live" waren es fünf Besucher. Das klingt nach wenig, war aber hochinteressant, weil man gleich gemerkt hat, es sind die richtigen Leute. Der Austausch über die verschiedenen Themen war intensiv und alle waren der Ansicht, dass wir unbedingt damit weitermachen wollen. Von Mal zu Mal kamen neue Leute hinzu und Mitte Mai, beim vierten Free21 Live, wollen wir auf jeden Fall gut zweistellig sein.

Das klingt gut, was macht ihr konkret?

Wie gesagt, im Vordergrund steht der Austausch, aber je mehr Besucher kommen, desto wichtiger kann es sein, dass wir eine Agenda für den Abend haben und vielleicht bestimmte Themen in den Mittelpunkt stellen. Das ist aber derzeit noch in der Diskussion. Wichtig ist uns allen, dass wir nicht nur gemeinsam reden, sondern auch gemeinsam handeln. Darum wollen wir zukünftig weitere Vorträge organisieren. Zum Beispiel über Geldschöpfung & Geldsystem, ein Thema, das alle angeht. Im Herbst ist ein erster Vortrag mit Paul Schreyer in Mannheim vorgesehen, weitere Veranstaltungen sollen folgen.

Das klingt super. Bist du bereit, deine Erfahrungen auch an andere weiterzugeben, die einen Stammtisch „Free21 Live" in ihrer Region organisieren wollen?

Aber selbstverständlich. Einfach Fragen an hardy.groeneveld@free21.org, ich unterstütze gerne.

Vielen Dank!

Rüdiger Grosch

 Geboren 1971 in Münster, wohnhaft in Berlin, von Beruf Künstler – Künstlername Rue de Guerre – liebt seine Hunde und vieles, was mit Kunst zu tun hat: Schreiben, Musik machen, Filmen & Fotografie.

Seit wann bist du in der Friedensbewegung aktiv?
Ich komme ursprünglich aus der Hausbesetzer-Szene, war Mitgründer des ersten autonomen Zentrums in Münster. Aufgrund der politisch rechten Einstellung meiner Mutter bin ich sehr früh in der linken Szene gelandet. Mein Protest hat mich in die Antifa geführt. Das System in Frage stellen und zu verändern hat eigentlich mein ganzes Leben geprägt. Ob man das Friedensbewegung nennen kann oder nicht, weiß ich nicht. Mit den Mahnwachen wurde das anders.

Du meinst die Friedensmahnwachen 2014?
Ja. Seit 2014 bin ich permanent und bewusst aktiv. Ich war seit der 2. Mahnwache in Berlin mit dabei, da es mir wichtig erschien, FÜR etwas zu demonstrieren. Ich war in der Orga-Gruppe am Alex aktiv und war im Team um Lars Mährholz als Fotograf und Filmemacher tätig. Auch heute unterstütze ich die Mahnwachen in Berlin und Potsdam noch, bin aber nicht jede Woche auf der Straße, da ich inzwischen auch viele Einzelaktionen unternehme oder Freunde bei ihren Projekten unterstütze.

D.h. du bist jetzt eher ein Einzelaktivist?
Ja, ich gehöre keiner Gruppe mehr an. In einer Friedensbewegung muss es alles geben. Wir wollen verändern, lassen aber innerhalb von Gruppen keine anderen Haltungen zu. Das führt zu Stillstand und bewegt nichts

im Außen. In der Antifa gibt es hierarchische Strukturen. Ich bin Freigeist und Anarchist und da bin ich für viele wohl zu heftig.

Was heißt denn zu heftig?
Ich gehe Dialoge ein, die man in der Antifa nicht eingeht, weil es nicht in die Agenda passt. Ich gehe auf Nazi-Demos, nicht um Steine zu schmeißen sondern um mit den Menschen zu sprechen. Mit einem Großteil der Rechten kann man Gespräche führen. Ob es etwas verändert, weiß ich nicht, aber nur hasserfüllt zu handeln bringt sicher nichts. Dann organisieren sich die Menschen im Untergrund. Noch sind viele Menschen besorgt und in Angst. Über Ängste muss man reden. Wenn Menschen besorgt sind, muss man sich mit den Sorgen auseinandersetzen – sonst schlägt es auf uns zurück. Aber diese Dialogbereitschaft fehlt oft.

Warum?
Viele Menschen wollen ihr eigenes Denken durchdrücken, wollen, dass sich andere verändern. Die Selbstreflexion ist zu selten vorhanden. Das gilt leider für die meisten Bewegungen und Gruppen. Darum gehe ich überall hin, versuche zu vermitteln, mich und mein Denken weiter zu entwickeln.

Das klingt aber alles nicht nach einem Anarchisten, da denkt man doch meist an Straßenschlacht …
Anarchie hat mit Chaos nichts zu tun, sondern mit Selbstverantwortung. Wenn ich mir selbst gegenüber verantwortlich bin und darauf achte, dass es mir gut geht, muss ich mein Umfeld so gestalten, dass sich auch mein Umfeld wohlfühlt. Das mache ich nicht, indem ich Autos abfackele. Anarchie ist Empathie – der Gewaltgedanke wurde der Anarchie aufgedrückt.

Darum ist mein Wunsch an die Friedensaktivisten – und alle Menschen: „Lasst immer eine Brücke entstehen" – abgekürzt LIEBE. Die Welt verändern kann nur, wer selbst gewaltfrei lebt. Alles andere ist Krieg. Dafür setze ich mich ein.

Was gehört zu deinen aktiven Projekten?

Den Winter 2017 und Frühjahr 2018 habe ich der Wanderausstellung „Sehen schützt vor Blindheit nicht" gewidmet. Vor öffentlichen Gebäuden wie dem Reichstag, dem Kanzleramt oder Behörden in Berlin, aber auch anderen Städten zeigen wir denjenigen, die etwas verändern könnten, mit unseren 40 bis 60 Bildern, was die alltägliche Situation von Armen und Obdachlosen in unserem reichen Land bedeutet. Rentner kramen in Mülltonnen, Menschen müssen ihre wenigen Besitztümer in Büschen verstecken, die Notwendigkeit um Geld zu bitten. Die Bilder sollen auch das Bewusstsein schaffen, dass es jeden von uns treffen kann – und dass man etwas dagegen tun kann.

Was kann man denn tun? Als Einzelner?

Man kann sich Zeit nehmen, mit den Menschen zu sprechen, man kann einfach einen Apfel mehr kaufen. Man kann sie einfach anlächeln. Man kann sich in der Winterhilfe für Obdachlose engagieren und für Beschaffung und Verteilung von Spenden sorgen. Das tun wir am Alex. Fakt ist, die Politik könnte über das Steuersystem die Situation ändern, der Mittelstand zahlt über 50 % Steuer, wirklich Reiche zahlen sehr viel weniger. Das ist für mich nicht verständlich. Denn es geht ja hier nicht um Luxusbedürfnisse. Es geht um das Notwendige. Notwendig ist, dass jeder ein Dach über dem Kopf und etwas zu essen hat. Das sollte überall möglich sein. In anderen Ländern ist aufgrund fehlender Sozialsysteme, die bei uns noch einiges auffangen, die Situation noch krasser. Dahinter steckt eine Politik, die das Volk nicht vertritt, sondern zertritt.

Warum liegt dir grade das Thema am Herzen?

Ich war selbst 10 Jahre obdachlos, bin mit 14 von zuhause ausgezogen und mit 17 aus dem Heim geflogen. Das Jugendamt war nicht mehr zuständig, weder in Münster noch in Berlin, wo ich 1990 zunächst gestrandet bin. Freunde und Bekannte haben mir dann die Familie ersetzt, sich liebevoll um mich gekümmert und dafür gesorgt, dass ich den Weg zurück von der Straße in ein geregeltes Leben fand. Diese praktische Erfahrung möchte ich anderen Menschen näherbringen.

Und das vermittelst du in deiner Kunst jetzt?

Ich bin auf der Straße groß geworden, daher ist die Straße auch mein Thema. Ob Punk, Drogen – ich war 5 Jahre abhängig – oder Obdachlosigkeit: Meine Kunst ist authentisch, wenn ich authentisch bleibe. Zur High Society gehöre ich nicht.

Verkaufst du wenigstens deine Bilder an die High Society?

Nein. Ich verkaufe meine Kunst nicht – ich möchte meine Seele nicht verkaufen, meine Seele sind meine Bilder. Da mich der Amtsarzt arbeitsunfähig erklärt hat, bekomme ich GRUSI. Ich darf nicht arbeiten, obwohl ich das gerne würde. Aber so tauche ich nicht in der Arbeitslosenstatistik auf.

Ich mache verschiedene Projekte, auch in Schulen, aber ich werde von den Behörden nicht gefördert, um mich weiterzubilden. Meine Fähigkeiten werden einfach ausgegrenzt. Sie werden nicht benötigt. Wenn ich Bilder weitergebe, freue ich mich über das Lächeln im Gesicht meines Gegenübers – mehr will ich eigentlich gar nicht – und so versuche ich mit Menschen umzugehen. Mit allen Menschen.

Das verstehst du unter Frieden leben?

Ja. Ich versuche es. Zuzusehen, dass man sein Gegenüber so glücklich macht, wie man selbst sein möchte, das kann eine Kettenreaktion unter den Menschen auslösen. Wer sich ständig mit Scheiße beschäftigt, wird irgendwann selbst dazu. Mir ist es ein Anliegen, das Positive hervorzuheben und durch mein Tun zur positiven Veränderung beizutragen.

Danke!

Hans Gruber

1962 in Freistadt, Oberösterreich, geboren, wohnhaft in Linz, Religionslehrer an einer HTL, liebt die Berge als Wanderer und Skifahrer, die Musik als Organist und solistischer Sänger, hat eine Leidenschaft für Sprachen und schätzt Literatur und politische Sachbücher – speziell, wenn es um die Themen Eigenverantwortung und auch Gesundheitspolitik geht.

Du bzw. eure Schule engagiert euch in Südamerika – wie kam es dazu?
Es waren meine Schüler, die 2004 zu mir kamen. Sie hatten einen Innovationspreis mit dem stattlichen Preisgeld von 6 400 Euro gewonnen, die sie für ein nachhaltig soziales Projekt einsetzen wollten. Sie baten mich, sie dabei zu unterstützen, ein sinnvolles Projekt in Lateinamerika auszuwählen, da sie meine Leidenschaft für die Gegend kannten. Als ehemaliger Salesianer bin ich dem Orden noch verbunden – so entstand der Kontakt zum Salesianer Don Boscos in Ecuador, wo wir dann bis 2011 ein nachhaltiges Ausbildungsprojekt förderten.

Was heißt denn Ausbildungsprojekt?
Mit dem Geld haben wir die Ausbildung von Jugendlichen finanziert. Mit einer Unterstützungssumme von insgesamt 70 000 Euro konnten wir das Schulgeld von zahlreichen jungen Menschen übernehmen und ihnen damit einen erfolgreichen Start ermöglichen. Denn bei dem ersten Betrag blieb es ja nicht. Die Schüler waren so begeistert, dass sie durch weitere

Schulprojekte bei uns immer wieder Geld zusammenbekamen. Das Positivste: 2011 war man in Ecuador aufgrund nachhaltiger Organisation dann selbst in der Lage, die Ausbildung der Jugendlichen zu finanzieren, sodass wir das Projekt auslaufen lassen konnten.

Aber es ging trotzdem mit dem Engagement weiter?
Ja. Bei einer privaten Reise 2010 habe ich das Leben der Kinder in den Armenvierteln von Lima erlebt. Diese Situation hat mich dermaßen bewegt, dass ich unbedingt etwas unternehmen wollte. Mit dem aktuellen Projekt „Rucksack der Hoffnung" – Mochila de Esperanza – sind wir dann 2013 gestartet. Dabei kümmern wir uns um Kinder in den Armenvierteln, die keine Möglichkeit haben, die Schule zu beginnen, da sich die Eltern den Schulrucksack samt Inhalt schlichtweg nicht leisten können. Er kostet mit allen notwendigen Materialien zu Schulbeginn rund 35–40 Euro. Das ist für die meisten Tagelöhner eine finanzielle Überforderung.

Und wie finanziert ihr das?
Wir werben und sammeln dafür und haben inzwischen viele Sympathisanten und Förderer, die das Projekt mittragen. Darüber hinaus gibt es zahlreiche regelmäßige Aktivitäten in der Schule.

Was für Aktivitäten sind das denn?
Im Café Andino, das von den Schülern betrieben wird, gibt es jeden Donnerstag in der Mittagspause Fairtrade-Kaffee und selbstgebackenen Kuchen. Dann laden wir uns Gäste für interessante Benefiz-Veranstaltungen und Vorträge ein. Einer dieser Themenbereiche beschäftigte sich mit fairem Handeln. Der Weltenwanderer Gregor Sieböck war beispielsweise schon zweimal da. Der Geschäftsführer des Vereins Jugend Eine Welt, Reinhard Heiserer, hat auch schon bei uns referiert. Die Reinerlöse aus diesen Veranstaltungen fließen in unser Gesamtprojekt. Unser Anfangsziel, 1 000 Kindern die Möglichkeit des Schulstarts zu ermöglichen, hatten wir bereits 2017 erreicht. Die nächsten 1 000 Kinder warten aber schon. 2018 wollen wir 200 weiteren Kindern den Schulstart ermöglichen und denken darüber nach, einen Verein zu gründen.

Seid ihr auch vor Ort?

Ja. Ich fahre regelmäßig privat hinüber, um die Kontakte zu den Menschen vor Ort zu pflegen. Wie gesagt, ich liebe Lateinamerika und bereise die Länder dort schon seit inzwischen 15 Jahren. Und seit 2016 machen wir auch Schulprojekte vor Ort mit unseren Schülern, denn die waren von den Bildern meiner Reisen so begeistert, dass sie selbst die Entscheidung trafen, statt der gängigen Matura-Reise eine Kulturreise mit sozialem Einsatz zu organisieren. 27 Teilnehmer waren beim ersten Mal dabei, 2018 ist eine zweite Reise mit einer weiteren Abschlussklasse geplant.

Was kann man sich unter so einer Kulturreise vorstellen?

Insgesamt sind wir 3 Wochen unterwegs, eine Woche davon arbeiten wir an einem Sozialprojekt. 2016 entstand so eine Treppe mit 241 Stufen. Eine dringend notwendige Infrastrukturmaßnahme, da speziell Frauen und Kinder bis dahin immer über katastrophale Wege die Hügel runterrutschen mussten. Im Sommer 2018 wollen wir einen Sportplatz für die Kinder bauen. Wir suchen uns immer Projekte, die den Schwächsten der Gesellschaft, eben den Kindern, nützlich sind, wobei der Fokus natürlich auf Bildung liegt. Bildung befreit, befähigt für den weiteren Lebensweg. In den beiden anderen Wochen reisen wir durchs Land, lernen Menschen und ihre Kultur kennen. Das begeistert die Jugendlichen, es beflügelt sie in ihrem Engagement und lehrt sie ganz praktisch, über den Tellerrand des eigenen Lebens hinauszublicken. Sie lernen sich damit auseinanderzusetzen, dass Armut kein Schicksal ist, sondern dass es Ursprünge und Zusammenhänge im großen politischen Kontext gibt.

Wie wird ihnen das bewusst?

Durch den Unterricht, durch die Vorträge und durch ihr aktives Tun. Die Jugendlichen merken, dass Aktivismus mehr bedeutet als nur Geld zu spenden. Sie engagieren sich selbstständig und lernen in der Vorbereitung und bei der Reise natürlich sehr viel. Man kann nicht nur von Nächstenliebe reden. Mir als Religionslehrer ist es ein Anliegen, Dinge praktisch umzusetzen. Hinschauen, nachdenken, was zu tun ist, und dann handeln. Und das möglichst nachhaltig. Was uns ja auch gelungen ist. Aus der Idee 2004 ist inzwischen etwas richtig Großes entstanden. Wir waren im Fernsehen, evtl. fährt 2018 auch der ORF mit uns mit, um eine Doku zu machen. „Jugendliche Technik-Schüler unterstützen Kinder in einer anderen Welt." Die Rückmeldung ist enorm positiv. Nicht nur bei den Schülern, sondern auch bei deren Eltern und vielen Menschen, die von unseren Aktivitäten erfahren.

Als Lehrer baust du die Friedensaktivisten der Zukunft auf.
Genau. Sie werden Multiplikatoren des Friedensgedankens. Nebenbei bemerkt: Vier Klassen in meiner Schule haben Free21 abonniert, auch die Eltern der Schüler lesen es bereits. Es ist doch offensichtlich und wir halten es mit Mahatma Gandhi: „Es gibt genug für alle auf diesem wunderbaren Planeten, aber nicht genug für die Gier der Wenigen." Das wissen meine Schüler, sie lernen solidarisches Handeln und erleben die positive Resonanz, die daraus erwächst. Die Freude der Kinder in Peru, die endlich in die Schule gehen können, ist unbeschreiblich und ausgesprochen rührend. Einen ersten Eindruck gewinnt man auf der von Schülern gestalteten Webseite `sanjuandelima.at`, aber wer das hautnah erleben darf, ist nicht selten zu Tränen gerührt.

Dann wünsche ich dir und deinen Schülern noch viele Freudentränen. Macht bitte weiter!
Mehr als sehr gern! ☺

Carsten Halffter

Baujahr 1973, geboren in Berlin West, lebt in Fürth, Vater von 4 Kindern, Dipl.-Ing. Versorgungs- und Energietechnik. Hobbys: Wandern, Schwimmen, Fahrrad fahren, erneuerbare Energien und Agro-Forstwirtschaft.

Du bist ja schon lange aktiv, nicht wahr?
Das ist richtig, seit den Studentenprotesten 1997, dem Lucky Streik, versuche ich aktiv Dinge zu verbessern. So hielt ich schon zu Weihnachten 1997 alleine eine Mahnwache vor dem Roten Rathaus und bin spätestens seit diesem Zeitpunkt Einzelaktivist.

Warum allein?
Als Einzelaktivist ist es mir möglich, ohne Vorankündigung zu demonstrieren. Wenn irgendwo in der Welt ein Krieg angetrieben wird, stehe ich vor der Botschaft des verantwortlichen Landes. Bei Einzelpersonen ist keine Anmeldung bei der Stadt nötig. Somit kann ich umgehend auf das schnelllebige Weltgeschehen reagieren und auf Missstände aufmerksam machen. Zudem muss ich nicht der Meinung anderer entsprechen, was bei größeren Gruppierungen leider häufig der Fall ist. Hier kommt es oft zu unnötigen, aufhaltenden Auseinandersetzungen.

Wieso kommt es deiner Ansicht nach zu den Streits?
Das liegt in meinen Augen an einer Idol-ogisierung – die Menschen sind es gewohnt, Idolen nachzueifern, hinter denen sie sich verstecken. Sie machen ihr eigenes Handeln dann vom Handeln des Idols abhängig. Ich wünsche mir aber mehr Eigeninitiative, vor allem aber Eigenverantwortung, und möchte Menschen hierzu inspirieren. Größere, effektive Bewegungen sind leider nie lange wirksam, weil sie früher oder später

fehlinstrumentalisiert bzw. unterwandert werden – Stichwort betreutes Revoltieren.

Ist Protest dann nicht sinnlos? Kann man überhaupt etwas dagegen tun?

Am wirksamsten ist es, wenn man eigenständig ist und selbst Verantwortung übernimmt. Das muss man nicht gleich so krass machen wie ich, ich bin schon Friedensextremist. Jeder kann jedoch seinen individuellen Beitrag leisten und kritische Fragen im Alltag stellen. Wichtig ist, dass man sich nicht von Ängsten steuern lässt, sondern Respekt lebt. Wir werden nicht informiert, sondern desinformiert. Das stellt man fest, sobald man die Dinge hinterfragt. Die Möglichkeit zum Austausch findet man übrigens ständig. In der S-Bahn, beim Friseur, an der Supermarktkasse. Vor kurzem sprach ich beispielsweise in der S-Bahn mit einer älteren Dame kritisch über ein Thema. Das Gespräch unter vier Augen hatte ganz viele Ohren. Gerade ältere Menschen erinnern sich noch, was Krieg bedeutet. Jeder kann den Mund aufmachen, den Kopf ein-, den Fernseher ausschalten und ins Handeln übergehen! Andere pflanzen beispielsweise Blumenwiesen in Städten oder räumen störenden Müll einfach weg. Das mag erstmal nach Kleinigkeiten klingen, aber jemand, der Letzteres beobachtet, findet es vielleicht gut und macht es beim nächsten Mal selbst.

Wie handelst du?

Da mir daran liegt, die Menschen auf das Thema Frieden aufmerksam zu machen, ist mein Auto mit entsprechenden Botschaften bemalt, ich verteile Informationsbroschüren und Free21, gehe auf Elternabende und diskutiere das Impfthema. Ich stehe mit meinem Lautsprecher vor Medienhäusern und spiele Lieder, deren Inhalte das kriegstreibende Vorgehen des Mainstreams kritisieren. Zudem demonstriere ich vor den Institutionen, die sich an illegalen, völkerrechtswidrigen Kriegen beteiligen. In den letzten Jahren war ich an jedem Wochenende auf Demos. 2015 gab es die „Friedens Fusion" in München, mit Infoständen und kontroversen Diskussionen auf der Bühne. Am Wittelsbacher Platz wurde der Film „Ukrainian Agony" von Mark Bartalmai öffentlich gezeigt. Das kam alles sehr gut an. Auch bei der Druschba Freundschaftsfahrt 2016 war ich dabei, habe das Projekt auch im Jahr 2017 unterstützt und die Veranstaltungen hier in Berlin organisiert bzw. geleitet. Ab August 2017 habe ich mich etwas von der Straße zurückgezogen, überwiegend virtuell aufgeklärt und mich von meinem Prozess im Mai erholt.

Welcher Prozess, weswegen wurdest du angezeigt?
Letztlich wurde ich angezeigt, weil ich für andere Menschen Verantwortung übernommen hatte. Wenn ich alleine demonstriere, scharen sich oft Zuschauer um mich. Um diese zu schützen, zeige ich dann eine Spontanversammlung an. Als Einzelaktivist müsste ich das eigentlich nicht tun und wäre nur für mich verantwortlich, aber ich möchte Eskalationen bei größeren Menschenmengen vorbeugen. Dies wurde gegen mich ausgelegt und behauptet, ich würde zu unangemeldeten Demonstrationen aufrufen. Zudem werde ich seit dem 3. Oktober 2014 medial fälschlicherweise als Reichsbürger verunglimpft. Die öffentliche Diffamierung von Xavier Naidoo ist den meisten Menschen in diesem Kontext wohl ein Begriff.

Was ist 2014 denn genau passiert?
Ich hatte die Demo „Revolution beginnt im Herzen" vor dem Reichstag angemeldet und entsprechend Werbung dafür gemacht. Von der Versammlungsbehörde hieß es bis kurz zuvor, dass wir allein vor dem Reichstag wären. Dann kam aber noch eine weitere Demonstration dazu, die sich inhaltlich komplett von unserer Demo unterschied. Das veranlasste uns, kurzfristig zum Kanzleramt auszuweichen. Xavier wusste nicht, dass wir umgezogen waren, sprach nach all der Werbung also zunächst bei der falschen Demo am Reichstag und kam erst hinterher zu uns. Seither behaupten die Medien, dass Naidoo bei einer Demonstration von Reichsbürgern gesprochen hätte. Gezeigt werden dann Bilder mit mir und von der Rede auf unserer Friedensdemonstration. Eine komplette Verdrehung der Tatsachen.

Und, wurdest du verurteilt?

Der Richter wollte bereits beim ersten Prozess im November 2016 das Verfahren komplett einstellen. Die Staatsanwaltschaft ließ aber nicht nach. Sie wollten mich wohl unter Druck setzen und so meinen sehr effektiven, komplett legalen Einzelaktivismus diskreditieren. So ging eine Pressemeldung vom Amtsgericht Berlin an die Medienhäuser, die zu Schlagzeilen wie „Reichsbürger zu Geldstrafe verurteilt" führten. Der Begriff Reichsbürger war zu keinem Zeitpunkt Inhalt der Verhandlungen. Über das abschließende und höchst erfreuliche Berufungsurteil im Mai 2017 hat dann niemand mehr berichtet. Die Tatsache, dass ich in allen Anklagepunkten freigesprochen wurde, war keine Nachricht wert. Leider auch nicht den alternativen Medien.

Du machst aber trotzdem weiter?

Natürlich. Ich bin und bleibe eigenverantwortlicher PR-Arbeiter für den Frieden und lasse mich nicht durch Angst steuern. Im November 2017 bin ich zum vierten Mal Vater geworden und trage schließlich Verantwortung für die Zukunft meiner Kinder. Ich bin – frei nach Goethe – ein Macher für den Frieden und bin stets meine eigene Bewegung.

Dann weiterhin viel Energie!

Grit Hallal

Geboren 1965 in Potsdam, wohnhaft in einer WG in Brieselang bei Berlin und in Pramet in Oberösterreich. Die gelernte Köchin mit Abitur, Studium von BWL, VWL und Großhandelstechnologie sowie Fortbildung in Richtung Persönlichkeitsentwicklung hat ihre Hobbys weitgehend zum Beruf gemacht.

Verstehst du dich als Friedensaktivistin?

Ja! Und das auch hauptberuflich, denn bei mir verschmelzen privates und berufliches Leben in eines. Wir bombardieren die Länder, beuten sie wirtschaftlich aus, aber die Mehrheit beschäftigt sich mit Bundesliga. Und dann wundert man sich, dass Menschen zu uns kommen und sagen: „Unser Land ist nicht mehr bewohnbar." Unsere ganze Wirtschaftsordnung ist auf Krieg ausgelegt, daher gibt es die Probleme in der Welt. Zu erklären, wie das alles zusammenhängt, was durch unser Wirtschaftssystem passiert, ist ein erheblicher Teil meiner Arbeit. In unseren Projekten greifen wir viele dieser Themen auf.

Wer sind „wir"?

Wir, das ist der Verein „LernSINN erlebBAR", den ich initiiert habe und zu dessen Vorstand ich gehöre. Wir sind 15 aktive Mitglieder, die alle mitarbeiten. Das ist aber nicht „nur" ein Ehrenamt, sondern ein gemeinnütziger Zweckbetrieb, den wir seit Kurzem unter dem Namen gemeinwohl-in-der-karriere.de in der Öffentlichkeit präsentieren, und unter dem sich drei Projekte – „Lernsinn erlebbar", „Arbeitssinn erlebbar" und unser Bioladen – vereinen. Dort sind wir konkret friedenspolitisch aktiv.

Inwiefern?

Es geht uns darum, dass Menschen Sinnvolles für andere tun und dabei ihre eigene Berufung leben können. Wir bieten berufliche Orientierung für Menschen vor und nach dem Schulabschluss, leisten Aufklärungsarbeit zur Demokratiebildung und fördern im Rahmen unserer Projekte wichtige Themen wie die Gemeinwohlökonomie und den Frieden.

Geht das auch etwas konkreter? Könntest du mir ein Beispiel für ein Projekt nennen?

Na klar! In unserem Bioladen machen wir gemeinsame Aktionen mit Menschen – geflüchteten und hier schon länger wohnhaften – und das jeden Nachmittag von 16:30 bis 18:00 Uhr. Da wird zusammen gekocht aus natürlichen, teilweise selbst in der Natur geernteten Rohstoffen zur Selbstversorgung, oder auch gebastelt – Stichwort Upcycling –, um kostbare Rohstoffe wieder zu verwerten. Solches gemeinsames Tun ist auch Friedensarbeit, es geht dabei darum, Brücken zu bauen, der Spaltung entgegenzuwirken, Verständigungsschwierigkeiten und Berührungsängste abzubauen. Und das Upcycling kommt ja im Sinne des nachhaltigen Wirtschaftens der Allgemeinheit wieder zugute. Es war eine spontane Idee, die wir dann umgesetzt haben. So entstehen unsere Projekte: Vorhandenes wird aufgegriffen, kombiniert, vernetzt. Das ist etwas, worin ich auch meine eigene Berufung sehe, nämlich Menschen und Maßnahmen miteinander zu vernetzen.

Warum ist dir die Gemeinwohlökonomie (GWO) ein besonderes Anliegen?

Das hat wohl auch mit meiner Sozialisierung in der DDR zu tun. In der DDR gab es starke Solidarität und Kooperation – wie in der GWO. Man hat auf den Nachbarn geachtet, so zum Beispiel der alten Frau von nebenan die grade verfügbaren Orangen mitgebracht, damit die sich nicht extra anstellen musste. Auch unser damaliges Erfassungssystem von Sekundärrohstoffen und der Altstoffhandel werden jetzt im Westen wieder neu erfunden. Bei uns gab es Wiederverwertung von allem Möglichen, es wurde nur wenig weggeschmissen – was im Gemeinwohlsinne ja absolut notwendig ist. Die heutige Wirtschaft, Kapitalismus bzw. Neoliberalismus, ist Entartung. Es steht nur das Geld im Mittelpunkt, nicht der Sinn. Die GWO stellt die Wirtschaft auf gesunde Füße, sodass die Bedürfnisse von Menschen, Gesellschaft und Natur wieder im Mittelpunkt stehen. Die Wirtschaft wird dem Ganzen entsprechend unter- bzw. eingeordnet.

Was tut Ihr zur Förderung der GWO?

In Berlin haben wir jeden Dienstag einen Beratungstag im Bereich persönliche Potenzialentfaltung und Gemeinwohl in der Karriere. Denn es ist ja gar nicht so einfach, Gemeinwohl zu leben. Ich muss erst mal bei mir selbst anfangen und schauen, ob es funktioniert. Zeige ich mit einem Finger auf einen Konzern, zeigen drei Finger auf mich zurück. Wer bei der Supermarktkette einkauft, muss sich über den Erfolg der Ketten nicht wundern. Man ist ja dann Teil des Systems und stärkt es immer wieder. Unser Ziel ist es, Menschen zu unterstützen, dass sie ihre Berufung leben.

Psychologisch wurde inzwischen nachgewiesen, dass diejenigen, die die vier großen S leben können, also Selbstverwirklichung, Selbstermächtigung, Selbstwirksamkeit und Selbstverantwortung, einen deutlich geringeren Konsumbedarf haben. Man braucht eben kein geiles Auto oder eine Schiffsreise auf ökologischen Supermonstern, um sich gut zu fühlen. Die Menschen zu ermutigen, die großen S in ihrem Leben zu stärken, ist ein Weg zu nachhaltigerem Verbrauch und damit auch zu mehr Frieden in der Welt, davon bin ich überzeugt. Man kann den Kapitalismus so gewissermaßen aushungern. Ihm das Geld zu entziehen ist ein weiterer Weg.

Geld entziehen heißt was?

Ich arbeite seit 2013 wo immer möglich tauschorientiert. Wir haben bei uns im Verein das „Gib- und Nimm-Coaching" nach Heidemarie Schwärmer, die zehn Jahre ohne Geld gelebt hat, eingeführt. So kommen wir weg vom Geld. Die Menschen erhalten Unterstützung, uns geht es gut dabei, aber wir achten auf Wertausgleich, der nicht unbedingt direkt erfolgen muss. Können sich Menschen eine Unterstützung gerade nicht leisten, bleiben sie in ihrer Situation, im Unfrieden gefangen. Das ist negativ. Darum haben wir im Verein beschlossen, dass auch ein Ausgleich auf Zeitbasis möglich sein soll. Das wurde uns vom Finanzamt bestätigt.

2016 habe ich auf der Gemeinwohlwoche in Oberösterreich dann den Obmann des Vereins WIR GEMEINSAM kennengelernt. Und da es bei uns so viel geworden ist, wollte ich die WIR-GEMEINSAM-Konzepte für uns übernehmen. Nachbarschaftshilfe, Regionalwirtschaft – also regionale Unternehmen unterstützen statt der multinationalen Konzerne –, Zeittauschen mithilfe von WIR-Stunden, das hat mich überzeugt. Bis dato hatten Komplementärwährungen in Berlin keinen wirklichen Erfolg, es fehlten die Unternehmen dafür, die aber genauso Bedarf an Unterstützung haben. Und sie sind auch daran interessiert, dass es den Menschen in ihrer Region gut geht. So entstand die Regionalgruppe Berlin von WIR GEMEINSAM. Gerade kleine Unternehmen wollen sich mehr gesellschaftlich engagieren, haben aber kaum Zeit und zu wenig Geld. Das Engagement-Problem lässt sich durch WIR GEMEINSAM und die Gemeinwohlökonomie lösen. Man kann sich in kleine überschaubare Projekte einbringen und so aktiv zur Verbesserung der Gesellschaft beitragen.

Viel Erfolg bei Eurer Arbeit! Danke für das Gespräch.

Anja Heussmann

Geburtsjahr 1968, seit 3,5 Jahren wohnhaft in der Nähe von Dubai, von Beruf gelernte Hutmacherin und Kauffrau, derzeitiger Beruf Web-Grafikdesignerin, Friedensaktivistin

Was hat dich nach Dubai verschlagen?
Die Bevormundung durch den Staat, der unhöfliche, respektlose Umgang unter den Menschen nahmen im Laufe der letzten Jahre immer weiter zu und lagen mir nicht. Der respektvollere Umgang der Menschen unterschiedlichster Kulturen untereinander dort entspricht eher meinen Lebensvorstellungen.

Und was machst du beruflich?
Seit Oktober 2015 bin ich mit LOVEstorm-people.com „hauptberuflich" globale Friedensaktivistin und lebe von meinem Ersparten. Das kann natürlich nicht immer so weitergehen. Darum ist mein Wunsch, mit dem, was mich persönlich erfüllt und mir sehr wichtig ist, auch meinen bescheidenen Lebensunterhalt zu verdienen. Und das ist die globale Friedensarbeit!

Wie kamst du dann von Dubai aus zur deutschen Friedensbewegung?
Mich hat es einfach immer geärgert, dass die Politiker oft so kontraproduktiv und gegen den Willen der Menschen handeln. Dann erzählte mir 2014 ein Kanadier vom Bilderberg-Treffen und Illuminaten. Daraufhin habe ich mich wochenlang im Netz darüber informiert. Seit dem erklärt sich mir die Politik weltweit besser.

Was hast du dann gemacht?
Ich meldete mich bei Facebook an und habe nach kurzer Zeit eine Demo in Berlin für Oktober 2014 organisiert. Leider konnte ich aus berufli-

chen Gründen – Urlaubssperre – nicht nach Deutschland reisen. Zwei Aktivisten haben die Veranstaltung dann für mich übernommen. Von mir gab es deshalb auf der Demo „nur" eine Audiobotschaft. Am 03.10.2014 fanden sich dann über 1000 Menschen vor dem Kanzleramt ein. Xavier Naidoo kam auch ganz überraschend angeradelt und hielt eine kurze Rede. Nach 1,5 Jahren Facebook-Aktivismus bin ich im August 2015 nach Deutschland gereist und habe mich mit Plakaten jeden Tag auf den Alex in Berlin gestellt – in den folgenden 2,5 Wochen informierten wir dort Menschen.

Und wie ging es dann weiter?
Wieder zurück in den VAE war ich dann im Netz zwar mit wesentlich mehr Reichweite aktiv, was aber auch leider vermehrter zu Facebook-Sperren zum Posten außerhalb meines Profils führte. Aus einer dieser Sperren heraus kam mir in einem Video ein spontaner Einfall. Die meisten Menschen und Politiker, denen wir etwas zu sagen haben, haben ja auf Facebook ein Profil, in dem man kommentieren und posten kann. Damit war die Idee LOVEstorm-people geboren.

LOVEstorm, also das Gegenteil von Shitstorm, richtig?
Genau. Ich habe Herzen mit politischen Nachrichten designt, mit denen man friedlich, freundlich und frech agieren kann. Es gibt vorab angekündigte LOVEstorm-Veranstaltungen mit einem angekündigtem Termin und Herzen zum entsprechenden Thema. Diese posten wir dann an dem Tag an eine Facebook-Seite von jemandem aus Politik, Wirtschaft u.s.w. Der erste LOVEstorm wurde auf der Seite der Ramstein Airbase im November 2015 veranstaltet und richtete sich gegen Drohnenkriege. Knapp 600 Herzen waren nach unserem LOVEstorm in den Kommentaren zu finden. Das kam super an. Parallel dazu entstand die Webseite lovestorm-people.com.

Und dein Ziel ist …?
Die sogenannten „99%" weltweit zu erreichen und mit ihnen zusammen auf friedliche Art und Weise ein Zeichen setzen und sagen: „Hey

Politiker, Wirtschaft & Eliten! Wir sind damit nicht einverstanden, was Ihr da weltweit treibt!" Die Webseite lovestorm-people.com ist deshalb auch in über 70 Sprachen lesbar. Demnächst kommt „LOVEstorm people" in Russland mit hinzu. So sollen immer mehr Länder hinzukommen, bis alle global vernetzt sind. Und wenn wir dann alle zusammen einen LOVEstorm machen, dann landen Tausende von LOVEstorm-Herzen als Botschaft bei jemandem auf der Facebook-Seite, und das wird dann seine Wirkung gewiss nicht verfehlen.

Du bist aber auch weiter auf der Straße aktiv?
Ja. Ich bin extra wegen des Bilderberger-Treffens im Juni 2016 nach Deutschland gereist und habe mit dem LOVEstorm-Kunstprotest „Bilder gegen Bilderberg" Menschen motiviert, positiv auf die Straßen zu gehen. Wir haben vor Ort viele Interviews geben können. Blogger, Presse, RT und andere Sender aus dem Ausland haben uns interviewt. Facebook-Aktivisten gibt es viele in diesem Land – aber wenn es um wirkliches Handeln geht, wird die Luft schon dünn. Wir werden jetzt weiter nach Unterstützern Ausschau halten.

Welche Form der Unterstützung suchst du denn?
Wir suchen noch nach Menschen, die die Webseite LOVEstorm-people.com mit betreuen können und auch helfen, sie weiter mit zu entwickeln. Menschen, die sich mit Wordpress, HTML und Webdesign auskennen. Des weiteren suchen wir Menschen, die mit Photoshop und After Effects o. Ä. umgehen können. Und selbstverständlich gerne auch Sponsoren, die uns anderweitig unterstützen können, damit wir schneller wachsen können und globaler bekannt werden. E-Mail an info@lovestorm-people.com

Viel Erfolg dir weiterhin und ganz HERZlichen Dank für dein Engagement und deine Zeit.
Ich habe Euch ♡lich zu danken und wünsche Free21 weiterhin viel Erfolg.

Oliver Jantke

Baujahr 1969, Wohnort Leipzig, von Beruf Bauarbeiter, Fliesenleger, was eben anfällt, Vater aus Somalia, Mutter aus der ehemaligen DDR, Vater einer Tochter und Herrchen eines 15 Jahre alten Hundes

Seit wann bist du politisch aktiv?
Eigentlich solange ich denken kann. Ich sehe mich als Linker, im Sinne, dass ich mich engagiere, wenn es gegen Ungerechtigkeit geht. Ich war sogar bei der Bundeswehr – weil ich geglaubt hatte, dass Demokratie und Kapitalismus funktionieren und ich dazu durch meinen Dienst einen positiven Beitrag leisten kann. Aber ich musste lernen, dass das eine völlig falsche Annahme war. Jetzt lehne ich jede Art von Kriegen ab.

Heute bist du ein Friedensaktivist?
Ja. Das kann man sagen. Speziell in den letzten fünf Jahren bin ich wirklich aktiv geworden.

Und warum?
Früher dachte ich, die Globalisierung ist gut, die Welt wächst zusammen. Aber faktisch wachsen nur die Konzerne zusammen. Man muss sich nur Monsanto oder Cola anschauen. Ich kann die Ausbeutung in anderen Ländern und auch bei uns nicht einfach ignorieren. Kinder- und Sklavenarbeit im Ausland, prekäre Arbeitsverhältnisse bei uns. Ich erlebe es ja am eigenen Leib, wie man im Hamsterrad rotiert. Ich arbeite Vollzeit und meine Frau hat zwei Jobs. Sie bekommt als qualifizierte, erfahrene Mitarbeiterin gerade mal 8,50 Euro Mindestlohn. In unserem System wird man ausgebeutet und muss kämpfen, die Grundbedürfnisse zu decken. Menschen, die seit 20 Jahren keine Lohnerhöhung bekommen

haben, werden wütend. Das kann ich gut verstehen, da geht es mir nicht besser.

Aber das liegt am System. Und damit müssen wir uns auseinandersetzen. Es geht immer wieder um den Kapitalismus. Und es läuft immer wieder auf Krieg raus. Darum bin ich auf die Straße gegangen. Dank Facebook funktioniert die Vernetzung für die Demos ja recht gut.

Gerade im Osten sind die „rechten" Demos ja sehr stark vertreten. Was denkst du über den zunehmenden Rassismus in Deutschland?
Als Mensch mit somalischen Wurzeln habe ich mich immer mit Rassismus auseinandergesetzt. Ich bin überzeugt, die Deutschen sind nicht rassistischer als andere. Wenn sich Menschen in die Augen schauen, gibt es keinen Rassismus. Es fällt immer mal wieder ein dummes Wort, es wird gelästert, wie über Brillenträger oder dicke Menschen. Armut macht viele wütend und lässt sie dann ins AfD/Pegida-Lager gleiten. Da liegen die eigentlichen Ursachen für das, was sich dann in Rassismus niederschlägt. Ich habe noch Freunde, die früher bei den Mahnwachen waren und inzwischen bei Pegida aktiv sind. Das sind keine Nazis – aber die Angst gegen die Muslime wurde nun mal systematisch von den Medien aufgebaut. Und die meisten, die da jetzt mitlaufen und AfD wählen, haben einfach noch nicht gemerkt, dass mit dieser neoliberalen Partei nichts besser wird. Im Gegenteil.

Ich liebe dieses Land und will es nicht den Faschisten überlassen. Ich meine nicht die Menschen, die einfach nur patriotische Gefühle haben. Die Militaristen und Faschisten sind wieder auf dem Vormarsch. Wir müssen unsere Demokratie stärken und sicherstellen, dass die Lehren aus dem Zweiten Weltkrieg nicht vergessen werden. Das darf sich nicht wiederholen.

Und was tust du dagegen?
Zum einen gehe ich auf die verschiedenen Demos, lese sehr viel und informiere mich online und durch Bücher. Zum anderen poste ich häufig interessante Informationen im Netz und führe virtuelle Diskussionen, tausche mich mit Menschen aus.

Im realen Leben gehe ich einigen Menschen manchmal ein wenig auf die Nerven, wenn ich mit Arbeitskollegen, Familie und Freunden über mir wichtige Themen rede. Aber durch die vielen Gespräche tue ich auch etwas gegen die Wut.

Wut führt dazu, dass Menschen nach Feindbildern suchen müssen, um ihre Wut loszuwerden. Und die nehmen dann alles, was ihnen von den Medien vorgeworfen wird. Wir müssen uns gemeinsam gegen die Ungerechtigkeit auflehnen. Und nicht in links oder rechts, Christen, Juden und Muslime aufspalten lassen. Ich mag beispielsweise Jürgen Todenhöfer – auch wenn er Mitglied der CDU ist. Er setzt sich aktiv mit dem Thema Islam auseinander und weiß wovon er redet. Es geht um Menschlichkeit und Gerechtigkeit – egal, welches Parteibuch oder Religion.

Ich spreche einfach immer das aus, was ich denke. Es kann nicht schlimmer werden. Ich kann nur durch Ehrlichkeit und Argumente dazu beitragen, etwas zu verändern, Menschen dazu zu bringen mehr als die BILD-Zeitung zu lesen.

Und natürlich boykottiere ich – soweit mir das möglich ist – die Konzerne. Ich brauche weder Nestlé, McDonald's noch ähnliche Produkte. Im Gegenteil. Die schaden ja hauptsächlich der Gesundheit ... daher fällt mir der Verzicht nicht besonders schwer.

Renate Kassner

Geboren 1955 in Hamburg, wohnhaft in Walkerseich auf dem Land, verwitwete Mutter zweier Töchter, studierte Bio-Ingenieurwesen, heute tätig als Yoga-Lehrerin und Astrologin.

Hobbys sind Lesen, Garten in Richtung Selbstversorgung, Singen und meine zwei Katzen.

Ist Frieden für dich ein Hobby?

Wohl eher eine Herzensangelegenheit. Eigentlich begann alles schon in meiner Kindheit. Die Antworten unserer Religionslehrer gingen mir nicht weit genug. Und sie handelten auch nicht nach dem, was sie predigen. So war ich wie ein Schwamm, als ich meinen ersten Yogalehrer traf. Yoga ist heute mein Weg in Richtung Frieden.

Wie wichtig Frieden ist, wurde mir besonders deutlich, als mein Mann starb. Er war erst fünf, als er miterlebte, wie Dresden zerbombt wurde. Im Sterbeprozess durchlitt er diese Ereignisse erneut und sprach mit mir darüber. Zu wissen, wie er gelebt hat, wie viel Aggression in ihm war, mit wie viel Wut er in der Gesellschaft gekämpft hat, an welchen Verletzungen er durch dieses Jugendtrauma litt – nur wegen Krieg. Und das passiert heute ständig. Die vielen Traumata bei den Kindern führen zu zerstörten Erwachsenen. Daraus leitet sich für mich eine innere Dringlichkeit ab, meinen Beitrag zu einer friedlicheren Welt zu leisten.

Was tust du?

Das ist vielfältig – in den verschiedenen Lebensbereichen sind das unterschiedliche Dinge. Mein Hauptanliegen ist dabei das Yoga, wobei man unter Yoga sehr viel verstehen kann. Jeder Weg der Selbsterkenntnis ist für mich Yoga. Yoga bedeutet dabei nicht nur Körperübungen zu machen, sondern ist eine Lebensanschauung. Frieden mit sich selbst zu schließen ist ein Ziel, das viele Menschen mit Yoga erreichen möchten. Um im Außen gewaltfrei agieren zu können, muss ich in mir ruhig und gelassen sein. Bin ich in mir im Krieg, ist es schwer, im Außen für Frieden zu sorgen.

Das klingt jetzt ziemlich esoterisch und wenig handlungsorientiert.
Mag auf den ersten Blick so sein, stimmt aber so nicht ganz. Yoga kann ganz konkret ins praktische Tun und Handeln führen. Als Yogini ringe ich um die innere Freiheit, Stellung zu beziehen, mir immer wieder die Frage zu stellen: „Wie gehe ich mit mir um, wie gehe ich mit Natur und Umwelt um?" Es wirkt stark in meinen Alltag hinein und ist keine abgehobene esoterische Idee, sondern fordert gewaltfreie Kommunikation und Handlung. Ich bin als Yogini aufgefordert, in der Gemeinschaft und in der Welt wirksam zu sein. Das Engagement im Außen ist daher ebenfalls ein wichtiger Teil meines Wirksam-werdens als Yogini. Meine Basis dazu liegt im Innen: Kraft, Ruhe, Gelassenheit und Unterscheidungsfähigkeit entwickeln sich für mich in der Meditation, im Inne-halten.

Wofür engagierst du dich außen?
Eine der ersten Aktionen, die ich in den 80ern mitgemacht habe, fand im Rahmen eines Friedensfestivals in Berlin statt. Im Tempodrom, am Fuße der Mauer, mit Blick auf die damals noch mit Wachen besetzten Wachtürme, fanden verschiedene Veranstaltungen statt. Es war eine gruselige Kulisse; noch heute bekomme ich eine Gänsehaut, wenn ich daran denke. Unser Lehrer flog eines Morgens mit einem kleinen Segler über die Berliner Mauer – von West nach Ost wohlgemerkt –, um ein Zeichen für Völkerverständigung, Wiedervereinigung, für den Frieden zu setzen. Ich habe mich in der studentischen Selbstverwaltung engagiert, später dann mehrere Hospizvereine mitgegründet. Dabei ging es mir um ein würdevolles, menschenwürdiges Sein bis zum Schluss.

Derzeit bin ich daran, an meinem Wohnort gemeinschaftliches Handeln und Gemeinschaftsprojekte zu initiieren. Bei WIR GEMEIN-SAM arbeite ich im Vereinsvorstand mit und kann in dem Rahmen auch

Aktionen für Umwelt und Natur vorantreiben. Selbstversorgung, Gemeinschaftsgärten u. Ä. sind wunderbare gemeinschaftliche Ansätze, bei denen ich mitarbeite.

Ein für mich zentrales Friedensprojekt, das mich inspiriert, ist das ZEGG, das Zentrum für Experimentelle Gesellschaftsgestaltung. Es ist ein gemeinnütziges Bildungszentrum und ökologisches Modellprojekt in der Nähe von Berlin. Ich werde ab März 2018 dort einen 6-wöchigen Kurs besuchen, bei dem es um das Zusammenleben von Gemeinschaften geht: Was braucht eine Gemeinschaft, um existieren und friedlich miteinander leben zu können? Ich verspreche mir davon Anregungen, die ich dann in meinem eigenen Umfeld nutzen und weiterentwickeln kann, um gemeinschaftlich wirksam zu werden und Menschen zusammenzuführen. Ich möchte anders alt werden und nicht den Krieg zwischen den Generationen im Altenheim miterleben müssen.

Eine wesentliche Basis für alle Gemeinschaftsprozesse ist eine friedliche Kommunikation. Hier gibt es erfolgversprechende Methoden wie gewaltfreie Kommunikation und die Soziokratie.

Kannst du sie kurz erläutern?
In der Soziokratie wird die Kreiskultur gepflegt: Jede Meinung im Kreis ist wichtig. Das ist in der Umsetzung nicht immer einfach, wird aber inzwischen in vielen Gemeinschaftsprojekten genutzt, um allen Beteiligten eine Stimme zu geben.

Die gewaltfreie Kommunikation, eine von Marshall Rosenberg entwickelte Methode, dient dazu, das eigene Verhalten zu reflektieren und sich selber besser kennenzulernen. Dadurch komme ich dann zu Fragen wie „Wie handle ich?", „Warum so?" und „Möchte ich so handeln?" Dies ermöglicht eine friedfertige – im Sinne von fertig, als bereit für den Frieden – Art und Weise, miteinander in den Austausch zu gehen. Sprache ist nun mal unser vorrangiges Mittel der Verständigung, hier kann ein achtsamer Umgang sehr viel verändern. Schafft man es, gewaltfrei zu kommunizieren, kann man mit Andersdenkenden ins Gespräch kommen. Das ist mir ein großes Anliegen. Dieser Zugang ist eine dem Yoga verwandte Vorgehensweise.

Womit wir wieder beim Yoga wären.

Ja. Das Interessante ist doch, dass alles, was zu Frieden gehört, in den Yoga-Pfaden formuliert ist – aber auch an die zehn Gebote erinnert: Gewaltlosigkeit, Wahrhaftigkeit, nicht stehlen, Begierdelosigkeit, Zufriedenheit, Meditation, vollkommene Harmonie.

Yoga ist für mich ein Weg, der beste Mensch zu werden, der ich sein kann – es ist ziemlich individuell in seiner Ausprägung, was so alles dazu gehört. Es beginnt mit Selbstbeobachtung, sich selbst wahrnehmen – in Körper, Seele und Geist; daraus resultierend dann Verantwortung für das eigene Denken und Handeln zu übernehmen. Das ist in der für mich sehr berührenden Weisheit „Achte auf Deine Gedanken" wunderbar formuliert. Die Quelle ist unbekannt, sie wird einem Sprichwort aus China, aber auch dem Talmud zugeordnet.

Wie lautet sie genau?

Achte auf Deine Gedanken, denn sie werden zu Gefühlen.
Achte auf Deine Gefühle, denn sie werden zu Worten.
Achte auf Deine Worte, denn sie werden zu Handlungen.
Achte auf Deine Handlungen, denn sie werden zu Gewohnheiten.
Achte auf Deine Gewohnheiten, denn sie werden Dein Charakter.
Achte auf Deinen Charakter, denn er wird Dein Schicksal.

Für mich heißt es: Ungeachtet dessen, ob es einen Gott gibt oder nicht, bin ich immer selber gefragt, die Verantwortung für mein Handeln zu übernehmen. Das kann mir keiner abnehmen, nur dadurch lerne ich, taste mich voran und finde meinen eigenen Weg.

Auf dass dein Weg friedlich bleibt!

Malte Klingauf

Geboren 1977 in Bremen, wohnhaft in der Nähe von Berlin, Vater eines Sohnes. Dipl.-Ing. für Nachrichtentechnik, von Beruf Projektmanager, Hobby-Musiker – zu mehr ist neben Pax Terra Musica und Job keine Zeit.

Was ist Pax Terra Musica?
Das Festival für Frieden, Musik und Vernetzung, das ich mit anderen Friedensaktivisten ins Leben gerufen habe und das 2018 zum zweiten Mal stattfindet.

Bist du schon lange Aktivist?
Ich war lange Zeit eher unpolitisch. 2014 sagte mein Schwager: „Mensch, komm doch mal mit zur Mahnwache Berlin, da ist echt was los!" Ich hab es mir angeschaut und war – typisch Realo – erst sehr skeptisch. Aber dann begann ich mein eigenes Weltbild zu hinterfragen und war „auf einmal" Moderator der Berliner Mahnwache.

Was heißt Moderator?
Es ging darum, durch die Veranstaltung zu führen, Redner anzukündigen, auch Teile der Organisation hingen mit dran. Haben Redner gefehlt, mussten wir eigene Beiträge organisieren. So wurden Nachrichtenblöcke präsentiert und kommentiert. Wir hatten kein offenes Mikrofon, aber ein offenes Podium. Wir wollten Meinungen vermeiden, die mit unseren Idealen nicht zusammenpassen.

Schränkte das die Diskussion nicht ein?
Es gab dazu innerhalb der Gruppe unterschiedliche Positionen. Bei der parallelen Mahnwache am Alex sprach mal jemand, der sich vier Wochen später als NPD-Mitglied erwies. Das wollten wir vermeiden, woll-

ten den Rechten kein Podium bieten, keine Holocaust-Leugnung und Ähnliches diskutieren. Man entwickelt ein Gespür, wenn etwas aus dem Ruder läuft.

Wie lange warst du auf der Mahnwache aktiv?

Von März bis August 2014 als Teilnehmer, bis Ende 2016 Moderator – fast zwei Jahre. Dann zog ich mich zurück, um mich auf das Festival zu konzentrieren.

Wie kommt man darauf, ein derartiges Festival zu organisieren?

Als wir sahen, dass die Friedensbewegung immer weiter auseinanderbrach, der Schwung verloren ging – bei manchen Friedensmärkten in Berlin sind mehr Aussteller als Besucher vor Ort – kam die Idee für ein Festival auf. Wir wollen ein Podium schaffen, auf dem sich alle begegnen und vernetzen können und gleichzeitig Spaß haben. So kann man Menschen begeistern, Impulse geben und motivieren, aktiv zu werden. Aus dieser Idee entstand Pax Terra Musica – Vernetzungstreffen und Musik-Event in einem.

Was erwartet die Besucher?

Es ist ein breites Programm mit Musik, Vorträgen, Ausstellungen, Diskussionen und Workshops, auch Kindern wird einiges geboten. Kinder sind schließlich unsere Zukunft, darum macht für uns ein Friedensfest ohne Kinder keinen Sinn. Musik gibt es auf mehreren Bühnen, von Hip-Hop über Rock bis hin zu Liedermachern. Dann gibt es Vorträge zu aktuellen Themen und Diskussionsrunden sowie verschiedene Workshops in Richtung Ernährung, Yoga, Meditation und Friedenspädagogik, bei denen die Besucher aktiv mitmachen können. Bei diesem umfangreichen Programm kann sicher jeder etwas für sich finden.

Apropos jeder – ist wirklich JEDER willkommen?

Alle Menschen sind willkommen, die an einer friedlichen Zukunft interessiert sind. Das sind Aktive aus der Friedensbewegung, Menschen, die nachhaltig produzieren wollen, der lokale Ökobauer, Vertreter lokaler Geldsysteme oder alternativer Medien. Nein, nicht eingeladen sind Faschisten, Rassisten und andere menschenverachtende Gruppen. Die Friedensbewegung steht für Frieden weltweit, das lässt sich mit Rassismus nicht verbinden. Ganz klar, Aktive von Pegida laden wir als Aussteller oder Sprecher definitiv nicht ein. Als Besucher schließen wir aber weiterhin niemanden aus.

Wer unterstützt PTM?

Es heißt, dass wir gute Kontakte zur „alten" Friedensbewegung haben. Pax Terra Musica war zum Beispiel 2017 offiziell an den Ostermärschen in Berlin mit dabei. Diese guten Beziehungen haben wir uns aktiv erarbeitet. Auch mit den Organisatoren von Stopp Ramstein sind wir im engen Kontakt, da hat sich seit 2017 eine enge Zusammenarbeit etabliert. Es gibt bei Pax Terra Musica keinen Konflikt zwischen alter und neuer Friedensbewegung. Ich muss zugeben, darauf sind wir auch ein bisschen stolz. Wir wollen ja gerade die verschiedenen Gruppen, Grüppchen, Organisationen und Einzelaktivisten zusammenbringen. Wir wollen mit allen in der alternativen Szene reden, die gewaltfrei, menschenorientiert und anti-rassistisch agieren.

Wie läuft der Vorverkauf?

Der ist bereits angelaufen. Ich bin ziemlich entspannt, dass es läuft. Kalkuliert haben wir für 2 500 Teilnehmer, da auch das Gelände begrenzt ist – für Kinderspielbereich und Aussteller benötigen wir ja auch ausreichend Platz.

Ist Frieden als Event der neue Weg, Menschen zu aktivieren?

Ich glaube, einer der Wege, ja. Auf der einen Seite ist es ein Treffpunkt für die Aktiven, denen auf Demos oft die Zeit fehlt, sich kennenzulernen, auszutauschen und zu vernetzen. Junge, weniger aktive Menschen wollen wir über den Event-Charakter des Festivals anziehen. Sie sollen praktisch erleben, wie Friedensarbeit aussehen kann. Ich erhoffe mir, dass es zu einer breiten Vernetzung führt, sodass Aktionen im folgenden Jahr größer und koordinierter werden. Pax Terra Musica soll eine feste Größe innerhalb der Friedensbewegung werden und jedes Jahr stattfinden. Mittel- bis langfristig ist geplant, unter dem Label kleinere Veranstaltungen bundesweit durchzuführen und andere Projekte wie Stopp Ramstein zu unterstützen. Wir sind als gemeinnützige Gesellschaft anerkannt und wollen die Friedensbewegung organisatorisch stärken.

Ihr wurdet 2017 als „rechts" angeschossen – wie schaut es jetzt für 2018 aus? Hat das bekannte Künstler abgeschreckt?

Wir hatten bis jetzt nur eine Absage, ansonsten läuft es gut. Alle Vorträge waren bereits im Januar 2018 durchgeplant, die Musiker weitestgehend an Bord, ebenso die Workshops. Das Programm wird voraussichtlich im März abgeschlossen, deutlich früher als 2017. Wir haben uns 2017 oft gerechtfertigt, das tun wir dieses Jahr nicht mehr. Wir haben bewiesen, dass wir nicht rechts sind. Davon kann man sich in Fotos, Videos und selbst in den Berichten von RBB oder ZDF überzeugen. Wir haben eine klare Position eingenommen und konzentrieren uns dieses Jahr darauf, Menschen zusammenzuführen, damit sie gemeinsam Wege finden, dass die Welt lebenswerter wird.

Wie & wo kann man sich Karten kaufen?

pax-terra-musica.de

Julia Kolar

Baujahr 1984, Wohnort Neuhofen an der Krems, Beruf Sozialarbeiterin bei einer Straßenzeitung, Anhängerin von Kundalini-Yoga, verheiratet mit einem Peacetrigger.

Wie bist du Friedensaktivistin geworden?
Ich war schon sehr früh aktiv, dann hat mich die linke Szene in Oberösterreich mit ihrer Negativität nur genervt und ich habe mich zurückgezogen. Aber irgendwann konnte ich nicht mehr wegschauen. Weder im eigenen Umfeld noch im globalen Geschehen.

Was heißt das?
Nun, ich arbeite im Sozialbereich, betreue Redakteure und Verkäufer einer Linzer Straßenzeitung. Das ist sinnvolle Arbeit – aber völlig unzureichend. Wir sind als Einrichtung viel zu klein, müssen immer wieder Menschen abweisen, die bei uns mitarbeiten wollen. Es besteht sehr großer Unterstützungsbedarf. Aber da sind mir einfach die Hände gebunden, dabei werden es immer mehr und mehr … und wir können nicht mehr tun, weil das Angebot zu klein ist. Im Herbst 2014 habe ich dann begonnen, mich auch wieder sehr bewusst mit dem Weltgeschehen auseinanderzusetzen. Im Winter 2014 war ich emotional dann ziemlich an einem Tiefpunkt angekommen. Alles was ich las, die Verblendung der Menschen, der ganze Wahnsinn, hat mich sehr belastet. Ich habe einen Weg finden müssen, damit umzugehen. Richtig aktiv wurde ich dann im Frühling 2015.

In der Friedensarbeit kann ich selbst etwas tun, unabhängig agieren, aktiv gestalten – es ist einfach von Vorteil, wenn man selbstständig etwas Sinnvolles tun kann. Seitdem mache ich Friedensarbeit nach innen und außen.

Friedensarbeit nach Innen, was kann ich mir darunter vorstellen?

Nun, das ist einmal Kundalini-Yoga. Es hilft mir, zentrierter zu werden, die Dinge anzunehmen ohne abzustürzen. Mir liegt sehr viel daran, in Frieden mit mir zu leben – mich auch viel mit mir selbst auseinanderzusetzen. „Sei du selbst die Veränderung, die du dir wünschst in der Welt." Das versuche ich für mich umzusetzen und im eigenen Umfeld zu leben. Das heißt für mich auch, nicht mehr so leichtfertig über andere Menschen zu urteilen – eines der großen Probleme in unserer Gesellschaft – und ist gar nicht so leicht im eigenen Verhalten zu verändern.

Es geht ja um die Änderung des Verhaltens in ganz vielen Bereichen. Von der Ernährung über das Konsumverhalten generell bis hin zum bewussten und achtsamen Umgang mit unserer Natur. Da kann jeder Einzelne viel mehr tun als nur darüber zu reden.

Und was bedeutet dann Friedensarbeit nach außen?

Da geht es wirklich um das ganz konkrete Tun – in den verschiedenen Bereichen. Gemeinsam mit meinem Mann und seinem Cousin haben wir die Peacetrigger ins Leben gerufen – eine Gemeinschaft, die aktiv Zeichen für Frieden setzen will.

Wir organisieren Veranstaltungen meistens in Linz, in denen wir Menschen über verschiedene Themen informieren wollen. Ende 2015 stieß unser Informationsabend über die Gemeinschaft Tamera in Portugal auf sehr großes Interesse. Im Mai 2016 geht es um Free21 und die Möglichkeiten, eine freie Presse stärker zu unterstützen. Das ist uns auch ein enorm wichtiges Anliegen. Wir Peacetrigger vertreiben inzwischen schon 200 Exemplare pro Ausgabe in unserem Umfeld.

Wir suchen den Dialog mit anderen Menschen – auch wenn deren Reaktionen manchmal sehr anstrengend sind. Es gilt Verständnis aufzubauen, in den Dialog zu gehen und nicht mit dem Zeigefinger auf Menschen zu deuten. Wir treffen uns bei Stammtischen – jeden dritten Donnertag im Monat –, führen Diskussionsabende durch und helfen uns gegenseitig z. B. beim Garteln.

Darüber hinaus biete ich einmal in der Woche Yoga an und war auch immer mal wieder bei der Friedensmahnwache in Linz dabei. Jetzt unterstütze ich das Linzer Friedensforum, das sich am ersten Montag im Monat auf der Landstraße beim Schillerpark trifft.

In meinem Arbeitsumfeld versuche ich diese Themen auch einzubringen und seit Kurzem bin ich auch wieder auf Facebook aktiv, obwohl ich das zwischenmenschliche, reale Gespräch mit Menschen bevorzuge.

Wie stellst du dir deine Zukunft vor?
Gemeinsam mit meinem Mann suche ich nach alternativen Lebensformen, alternativen Wegen des Zusammenlebens – auch ohne Geld. Wirklich fixe Vorstellungen haben wir nicht, außer in einer Gemeinschaft zu leben. Wir wollen beide noch vieles lernen, Neues erfahren, uns weiterbilden. Darum verbringen wir im Sommer auch einige Zeit in Tamera, um uns dort mit anderen Friedensaktivisten zu vernetzen. Sicher ist eines: Die klassische Karriere interessiert uns beide nicht.

Wir wollen unsere Potenziale kennenlernen, um diese dann sinnvoll für eine friedlichere Welt auch auszuschöpfen. Dabei stehen Themen wie Gemeinschaft, Autarkie, Unabhängigkeit, Autonomie, Freiheit von den Zwängen des Systems für uns beide im Vordergrund.

Viel Glück auf deinem – eurem – Weg, wo immer er euch hinführt.

Anita Krieger

Geboren 1969 in Schramberg, Baden-Württemberg, lebt die Kauffrau für Bürokommunikation heute in Bayern. Sie ist Tierrechtlerin, Mutter eines Sohnes und Kampfkünstlerin.

Was bedeutet es für dich, Friedensaktivist zu sein?

Für mich heißt es ganz einfach, das Leben aller Lebewesen zu schützen, allen mit Respekt zu begegnen. Ob Menschen oder Tiere, da mache ich keinen Unterschied. Ich sehe mich in erster Linie als Tierrechtlerin, die nicht-menschlichen Tiere haben meine 100-prozentige Loyalität. Menschen sind letztlich nur eine weitere Gattung. Dafür setze ich mich seit über zehn Jahren ein.

Aber du warst auch in der Friedensbewegung aktiv?

Das ist richtig. Ich habe bei den Mahnwachen für gut zwei Jahre einen Abstecher in die Friedensbewegung gemacht. Aber mir wurde dabei bewusst, dass die hilflosesten und am härtesten durch Ausbeutung betroffenen Wesen auf der Erde eben die nicht-menschlichen Tiere sind. Es gibt ja eine Menschenrechte-Charta – auch wenn man sich kaum daran hält, es ist eine Basis, auf die sich Menschen berufen können. Mir ist es ein Anliegen, Tierrechte wie Menschenrechte zu etablieren. Das heißt nicht, dass ich Menschen etwas Schlechtes wünsche. Aber den Rechten von Tieren eine, d.h. meine Stimme zu geben, ist für mich ein Lebensthema. Das wurde mir in der Zeit bei den Mahnwachen wieder sehr deutlich.

Lebensthema inwiefern?

Im Tierschutz bin ich schon seit meinem 18. Lebensjahr aktiv. Vor rund zehn Jahren stieß ich dann auf das Thema Tierrechte, der Auslöser dafür war ein erst 13 Jahre altes Mädchen. Auf YouTube wurde ich mit unzähligen Undercover-Aufnahmen konfrontiert. Ob Massentierhaltung oder Tierversuche – es gibt unzählige solche Videos, die sich direkt oder indirekt mit Tierrechten beschäftigen. Und mir war klar, damit muss ich mich auseinandersetzen. Ich habe mich diesen Videos regelrecht hingegeben. Viele Menschen ertragen derartige Aufnahmen gar nicht. Bei mir aber war ganz stark das Gefühl da: „Das muss ich mir jetzt geben." Ich habe mich täglich stundenlang damit befasst, über Wochen. Es hat mich einfach gepackt, aktiv zu werden. Für mich ist der Veganismus die größte und ehrlichste Friedensbewegung, da er alles umfasst: den Schutz von Tieren, Menschen und Umwelt. Er wird zwar meist auf Ernährung reduziert, geht aber weit darüber hinaus. Es geht um einen bewussten Umgang mit dem Leben. Dafür braucht es eine politische Debatte, und diese anzustoßen ist mir ein Anliegen. Aus der normalen Friedensbewegung habe ich mich daher komplett zurückgezogen. Beides zu machen ist nichts Halbes und nichts Ganzes. Es ist einfach eine Frage der Zeit.

Schön, dass du trotzdem mit mir sprichst, obwohl ich selbst gelegentlich Fleisch esse ...
Ich bin ja kein A-loch. Ich bin Friedensaktivist, und ich schätze auch Menschen, die sich der Themen noch nicht ganz so bewusst sind. Nur manchmal werde ich im Zorn aggressiv – wenn z. B. wie derzeit in Bayern die freilaufenden Wölfe ohne Not abgeschossen werden. Da platzt mir der Kragen, aber ich denke, das ist menschlich. Das Wichtigste ist aber, Bewusstsein zu wecken. Dafür setze ich mich mit allen meinen Möglichkeiten ein.

Wo engagierst du dich?
Nachdem ich zunächst mit einer Freundin bei uns in der Gegend einen Tierrechteverein gegründet habe, bin ich seit einigen Jahren bei Animal Peace `animal-peace.org` aktiv. Dieser älteste und wichtigste Tierrechteverein in D war der Gesellschaft schon bei seiner Gründung 1988 um 20 Jahre voraus. Eine der Kernaussagen des Vereins lautet: „Wenn wir den anderen Tieren ihre natürlichen Rechte zurückgeben, verlieren wir nichts

als das Privileg auf Folter und Mord." Wer möchte von sich behaupten, auf dieses Recht nicht gerne und jederzeit verzichten zu können?

Und was tust du bzw. der Verein konkret?
Wir Nacktaffen aus dem Verein sind die Anwälte der Tiere. Den Begriff Nacktaffe haben wir aus dem Buch „Der nackte Affe" von 1967 von Desmond Morris übernommen. Und in unserer Funktion als Anwalt unternehmen wir die unterschiedlichsten Aktionen.

Welche sind das?
Früher hat man sich z.B. angekettet – heute liegt unser Fokus mehr auf der Verbreitung von provokanten Texten, um die Menschen über die verschiedenen Medien zu erreichen. Und dabei sind wir recht erfolgreich. Man findet uns nicht nur im Internet. Wir kommen in die WELT, in die Süddeutsche, ins VICE Magazin. Man nimmt uns zur Kenntnis, auch wenn es immer wieder aufgrund der sehr provokativen Präsentation anschließend fast jedes Mal einen Shitstorm gegen uns gibt.

Was heißt provokant? Hättest du da ein Beispiel für uns?
Als am 19. Dezember 2016 der Anschlag auf den Christkindl-Markt in Berlin stattfand, haben wir das zum Anlass genommen, auf die Millionen Gänse aufmerksam zu machen, die zur Weihnachtszeit als Gänsebraten verrecken müssen. Dieser Protest wurde z.B. in der WELT publiziert, hat aber natürlich für helle Aufregung gesorgt.

Mir erscheinen Veganer oft sehr radikal – verlangt Ihr nicht ein wenig viel von anderen?
Veganer sind radikal – das ist die Folge des konsequenten Handelns. Und eines ist sicher: Die Welt braucht Utopien. Unser Ziel ist die komplette Abschaffung der Ausbeutung von Tieren – aber auch von Menschen. Man muss das Maximum fordern, um das Minimum zu erreichen. Wir machen aber auch „harmlosere" Aktionen und Veranstaltungen, durch die wir die Menschen für Tierrechte sensibilisieren. So gibt es die Vegamania in Regensburg und München, die Wies'n Vegan oder am

Münchner Marienplatz Weihnachten Vegan und Ostern Vegan. Bei den Veranstaltungen sind viele Organisationen dabei – wie Ärzte gegen Tierversuche, die Sea Shepherd Conservation Society oder Animals Angels, die Tiertransporte begleiten und die Einhaltung der derzeitigen Mindeststandards kontrollieren. Alle informieren die Besucher, die natürlich auch an den zahlreichen kulinarischen und musikalischen Angeboten viel Spaß haben. Bei den Veranstaltungen wird immer sehr deutlich: Vegan macht glücklich.

Dann wünsche ich dir, deinem Umfeld und den Tieren, dass du weiterhin ein glücklicher Mensch bleibst. Danke für das Gespräch.

Chris Much

Baujahr 1980, wohnhaft in Käthe (dem Wohnbus), von Beruf selbstständiger Lokführer seit 2010 und friedensbewegter Lebenskünstler aus Leidenschaft

Seit wann bis du ein friedensbewegter Lebenskünstler?
Bis 2011 war ich ein ganz normaler Durchschnittsbürger, der im Rattenrennen mitgelaufen ist. Dann ging es bei mir erst mal los mit der persönlichen Aufklärung. Mit Beginn der Mahnwache 2014 bin ich dann selbst aktiv geworden.

Ich kann mir dich als Durchschnittsbürger nicht vorstellen. Was heißt denn das?
Ich hatte die typischen Vorstellungen der Gesellschaft: Mit einem guten Beruf Geld verdienen, ein Häuschen bauen ... das, was eben jedem beigebracht wird zu wollen oder zu müssen. Das, was von dir erwartet wird: Nicht auffallen, einen guten Job machen und ein schönes Leben leben. Und dieses schöne Leben hängt eben davon ab, wieviel Geld man heimbringt. Wer viel Geld hat, ist glücklich – die typischen Botschaften der Werbeindustrie, die man eben so verinnerlicht hat.

Und wie kam es dann dazu, dass du ausgestiegen bist?
Es begann damit, dass ich mich informierte, mir mehr und mehr Wissen aneignete. Dann fielen mir Gesetzeslücken auf. Hat man einmal angefangen, zieht es einen Rattenschwanz an Fragen nach sich, weil alles irgendwie verbunden ist. Überall werden Lücken, nicht plausible bzw. fehlende Zusammenhänge deutlich.

Könntest du ein Beispiel dafür geben?

Es fehlen z.B. Geltungsbereiche, sodass die Gesetze nicht so wie auf dem Papier angewendet werden. Ich lese etwas anderes, als mir von Behörden mitgeteilt wird. Im Verwaltungsvollstreckungsgesetz ist geregelt, was gefordert werden darf und was verboten ist. Und trotzdem werden Dinge durchgesetzt, die laut diesem Gesetz gar nicht erlaubt sind. In diesen Themen kann man sich verlaufen, das ging auch mir so.

Was heißt das?

Alles das hat mich – aber auch mein Privatleben und meine Freunde – ziemlich belastet. Man lebt ja in einem ständigen Widerspruch. Als Normalbürger will man regelkonform leben, nicht zuletzt weil man Angst vor Repressionen hat. Und dann merkt man, dass die ganzen Regeln, nach denen man lebt, nicht stimmen. Der Ausstieg ging bei mir dann schleichend, meine Ängste habe ich nach und nach abgelegt.

Und heute bist du ein Freeman?

Ich bin ein freier Falke, der die Augen offen hält, die Möglichkeiten im Umfeld abschätzt und überall dort einen Beitrag für die Gesellschaft und die Menschen leistet, wo es möglich ist.

Du gehörst ja zum Orga der Berliner Mahnwache.

Seit Ende April 2014 habe ich an den Mahnwachen teilgenommen und sie unterstützt, wurde aber erst 2015 offiziell Mitglied der Orga. In Berlin hat es angefangen. Dann hat es wunderbar gepasst, dass ich dank meines Jobs als selbstständiger Lokführer Mahnwachen in ganz Deutschland besuchen konnte.

Was tust du sonst noch?

Ende 2011 habe ich mein Wohnmobil, meine Käthe, gekauft – um Hotel zu sparen und mobil zu sein. Das Kunstwerk Käthe hat sich seit dem Bilderberger-Protest in Telfs 2015 entwickelt. Zu dieser Demo wurden sämtliche Autos bemalt. Käthe fällt heute überall auf, macht Werbefahrten für den Frieden an öffentlichen Plätzen, nahm an diversen Mahnwachen teil, ist fahrende Litfaßsäule, wurde bei der Linzer Mahnwache als Schallmauer genutzt, ist bei Regengüssen der Technikschutz unter der Markise und natürlich auch immer der Ausgabepunkt für Info-Material. Käthe beherbergt das Mahnwachenmuseum, eine Sammlung sämtlicher bisheriger Unterlagen, Fahnen und Schilder von den verschiedenen Demos seit 2014.

Was sind deine nächsten Pläne?

Pläne? Ein Aktivist lebt gerne in den Tag. Planlos geht der Plan los – spontan läuft es glatter. Entscheidungen werden nach Fälligkeit getroffen. Wenn man wenig plant, kann man sich besser an Gelegenheiten anpassen, die sich präsentieren. Zukunftspläne in der heutigen Giergesellschaft zu machen ist schwer. Und die absehbare Gefahr von Kriegen macht Zukunftspläne wenig sinnvoll. Aber ich werde auch zukünftig für den Frieden arbeiten.

Was darf ich mir darunter vorstellen?

Friedensarbeit bedeutet für mich in erster Linie Kommunikation mit Menschen, Missverständnisse klären, Brücken aufbauen. Manchmal drücken sich Menschen nur falsch aus und schon prallen Egos aufeinander. Vom Mitspieler wird man zum Gegenspieler, nur weil man anderer Meinung ist oder Themen bedient werden, mit denen nicht alle klarkommen. Wir dürfen das Wesentliche nicht aus den Augen verlieren und uns nicht in Kleinigkeiten verheddern. Man stimmt mit niemandem zu 100 % überein. Wir müssen akzeptieren, dass wir alle zwar das gleiche Ziel – nämlich Frieden – anstreben, aber auf verschiedenen Wegen dort hingelangen. Die Andersartigkeit ist auch eine große Chance. Durch verschiedene Themen können wir mehr Menschen erreichen. Und es ist doch unser aller Ziel, möglichst viele Menschen zu motivieren, sich für Frieden einzusetzen. Zu kämpfen macht keinen Sinn, Frieden ist der Weg.

Dann wünsche ich dir viel Erfolg auf deinem Weg! Danke für deine Zeit.

Madeleine Munique

Geboren 1990 in Nürnberg, lebt in Fürth, Medienberaterin mit Schwerpunkt Design und Medienpsychologie, seit November 2017 Mutter. Interessiert an Reisen, Sprachen, Heilkunde, Kunst und Musik.

Du bist über die Medienpsychologie in die Friedensbewegung gekommen?
Ja. In der Ausbildung lernt man die Methoden der Werbung, die beim Design – über Ton, Farbe, Licht etc. – eingesetzt werden. So wird die Farbe Grün mit Bio und Fairtrade assoziiert. Der Grund, warum eine Fastfood-Kette ihr Logo farblich entsprechend geändert hat. Unterbewusste Manipulation findet ständig statt. Darum kläre ich über Manipulationsmethoden auf.

Wie tust du das?
Ich schrieb beispielsweise Medienanalysen über manipulative Artikel zur Ukrainekrise und dem Nahen Osten. Immerhin müssen Profiteure von Krieg ständig neue Methoden entwickeln, um die Menschen von diesen zu überzeugen. Kriege sollen uns als unumgänglich verkauft werden. Verkauft, weil es sich bei Kriegen krankerweise um ein Geschäftsmodell des Militärisch-Industriellen Komplexes handelt. Die „Brutkastenlüge" ist nur ein Beispiel für die gezielte Manipulation hin zum Kriegseinsatz. Hierbei werden grausame Bilder in falschem Kontext gezeigt und mit bewussten Lügen großes Leid entfacht. Auch sprachliche Stilmittel spielen eine wichtige Rolle. Über diese Methoden & Stilmittel kläre ich auf. Zudem begleite ich bundesweit unterschiedlichste Projekte und Menschen. Am 16.06.2018 findet beispielsweise eine Demo in Nürnberg zum Thema „Freier Impfentscheid" statt, bei der ich organisatorisch helfe. Ich habe mir ein wirklich gutes Umfeld geschaffen, um gezielt

ganzheitliche Informationen zu teilen. Mein Hauptthema ist inzwischen aber das Erkennen & Auflösen von Ängsten geworden.

Angst als Hauptthema, wie meinst du das?
Als Mensch habe ich erkannt, dass Angst die Ursache für sämtliches Leid in der Welt ist. Sie verursacht Angriff, Flucht oder gar Stillstand. Angst löst Wut, Gewalt, Neid, Hass und Krieg aus. Aus Angst, die öffentliche Anerkennung, den Arbeitsplatz oder die finanzielle Grundlage zu verlieren, schweigt der Mensch gedemütigt, statt zivilen, friedlichen Widerstand zu leisten. Unser aktuelles System basiert auf Angst und wird durch unsere Ängste erhalten. Selbst die sogenannten Eliten haben große Verlustängste, da sie sich nur über Materielles oder künstliche Zahlen definieren können. Man sagt: „Wo ein Wille, da ein Weg." Doch der Wille zum Frieden allein reicht nicht aus, wenn die Ursachen für Krieg nicht verstanden sind. Nur wenn die Ursache einer Krankheit bekannt ist, kann diese ganzheitlich Heilung erfahren. Leider werden aber noch viel zu oft Symptome bekämpft und Ursachen teils bewusst vernachlässigt. Wer über diese Bescheid weiß, kann sofort Verantwortung übernehmen und muss sich nicht mehr an ihnen beteiligen. Hierzu ermutige ich die Menschen.

Inwiefern?
Es geht darum, das „SelbstBewusstSein" durch Erkennen und Auflösen von Ängsten zu fördern. Einer meiner Leitfäden hierzu lautet „inspirieren statt missionieren".

Kannst du ein Beispiel dafür geben?
Natürlich. Als Veganer möchte man die Menschen ggf. dazu bewegen, tierische Produkte zu meiden. Dies erreicht man jedoch nicht, wenn man das fleischessende Gegenüber als „Tiermörder" beschimpft oder im Internet öffentlich diffamiert. Das fördert eher Angst und Widerstand. Friedlicher und effektiver ist es, wenn man stattdessen zu einem veganen Abendessen einlädt und die Gäste inspiriert. Man überlässt dem anderen damit auch Eigenverantwortung. Empathie wächst durch eigene Erfah-

rungen. Das alles versuche ich bei meiner Arbeit, an der ich auch selbst ständig wachse, deutlich zu machen.

Du tust etwas für andere und damit für dich selbst?
Mein Motto ist: Indem wir einander dienen, werden wir frei. Ein sehr friedensförderndes Prinzip. Es stammt von den Rittern der Tafelrunde. Auf meinem Blog mindofheart.de teile ich meine Erkenntnisse mit den Menschen, versuche das gerade beschriebene BewusstSein zu fördern und schreibe mir gleichzeitig vom Herzen, was mich bewegt.

Worauf sollte man aus deiner Sicht besonders achten?
Es wird zu viel Energie in das Bekämpfen von Auswirkungen gesteckt und Ursachen werden dabei oft übersehen, auch weil die Fakten systematisch unterschlagen werden und Angst gestreut wird. Nehmen wir den Begriff „Anti-Amerikanismus", mit dem man als Kritiker oft diffamiert wird. De facto geht es um die US-Politik und ihre weltweiten Auswirkungen. Der Begriff des „Anti-Amerikaners", der von den Medien eingesetzt wird, vermittelt aber fälschlicherweise den Eindruck, dass man etwas gegen die US-Bürger oder gar alle Amerikaner hätte. Hier ist ein bewussterer Umgang mit Begrifflichkeiten gefragt. Wir sollten uns deshalb über die angewandten Methoden der Angst bewusst werden und sie durchschauen. Der Mensch lernt zudem nach Normen zu leben. Was normal ist, muss aber noch lange nicht natürlich sein. Der Trend sollte also mehr in Richtung Natürlichkeit gehen.

Ist das nicht sehr viel von den Menschen verlangt?
Wir sollten uns wirklich mehr zutrauen und weniger voneinander erwarten. Ich baue auf unsere Wandlungsfähigkeit. Auf Symptomen herumzureiten und diese chronisch werden zu lassen wird uns keinen Frieden bringen. Ich bin selbst mein größtes Projekt. Schön ist es, wenn sich andere etwas abschauen, oder mich im Gegenzug inspirieren. Es ist ein Angebot, wie Vera F. Birkenbihl mal gesagt hat. Ein Supermarkt, bei dem sich Menschen in den Regalen bedienen, die Produkte aber auch stehenlassen können.

Das klingt für manche Ohren etwas esoterisch, wie siehst du das?

Eine Revolte, die aus einem Angstreflex heraus entsteht, ist keine Lösung. Die gelebte Wut würde quasi für Ursachen blind machen und letztlich nur einen anderen Systemvertreter ins Amt heben. Wir brauchen eine Evolution und viel Geduld, ohne zu dulden. Herz und Verstand sollten deshalb wieder in Einklang gebracht werden. Und natürlich mache ich meinen Mund auf, wenn Unrecht zu Recht wird, aber immer auf die Ursache fokussiert. Entsprechend respektvoll führe ich auch Diskussionen – fort vom System Angst, hin zum Prinzip Liebe.

Dann wünsche ich dir und deiner Umwelt viel Angstfreiheit!

117

Gerhard Nimmervoll

Geboren 1990 in Ottensheim, dort auch wohnhaft, von Beruf und Berufung Musiker, Sozialökonom und Lebenskünstler

Verstehst du dich als Friedensaktivist?
Eigentlich nicht. Ich sehe mich als friedensbewusster Mensch. Mir sind Wissen und Betätigung für den Frieden sehr wichtig. Als klassischer Aktivist würde ich mich nicht bezeichnen. Das ist in meinem Kopf verbunden mit Leuten, die laut sind, und ich schrei nicht gern.

Aber du warst einer der Gründer der Friedensmahnwache Linz?
Ja, das ist richtig.

Was hat dich dazu bewogen?
Die Sorge um die anstehende Kriegsgefahr in der Ukrainie und damit den Krieg vor der eigenen Haustür in Europa. Ich war dort 1,5 Jahre aktiv – auch in der Orga-Gruppe. Dann habe ich mich zurückgezogen.

War es dir auf der Mahnwache zu laut?
Es war mir zu verzweifelt, es ging immer wieder um die gleichen Themen. Es war wie ein Radl, das sich im Kreis dreht. Es hing zu sehr an Personen und Persönlichkeiten. Uns verbindet zwar eine große gemeinsame Vision – aber kein konkretes greifbares Ziel, auf das man sich während der Mahnwache ausrichten kann. Man kann nicht zwei Stunden in der Woche sagen: „Jetzt ist Zeit, um Frieden zu machen." Frieden ist ja kein Ereignis – so wie ein Krieg ein Ereignis ist. Frieden ist ein Zustand. Den muss man pflegen, den muss man erhalten. Das ist eine dauerhafte Tätigkeit auf den unterschiedlichsten Ebenen.

Mir selbst hat die Mahnwache sehr viele Kontakte und Impulse gegeben. Aber irgendwann war sie für mich einfach nicht mehr sinnvoll. Ich möchte mit Menschen über das reden, was sie richtig machen, um dann mit ihnen ins Gespräch zu kommen, was man gemeinsam besser machen kann.

Du bist aber weiter aktiv in der Friedensarbeit?
Ja, aber dort, wo ich konkret etwas bewirke. Die Ukraine liegt nicht in meinem Einflussbereich. Die Bewältigung der Sorgen der Menschen dort liegt völlig außerhalb meiner Handlungsmöglichkeiten. Ich beteilige mich an konkreten Friedensprojekten. Sei es beim Verkauf von fairen Kleidungsstücken, sei es an gemeinsamer Gartenarbeit für die gesunde Ernährung. Ein großer Schwerpunkt sind Konzepte zur In-Wertsetzung von periodisch anfallenden Altstoffen.

Was heißt denn das bitte?
Das ist anhand eines Beispiels am besten zu erklären. Feuerwehrschläuche werden nach zwei Jahren Gebrauch verschrottet und zur Energiegewinnung verbrannt. Wir überlegen uns neue Verwendungsmöglichkeiten für den Altstoff. Denn mit diesem wasserdichten, flexiblen, outdoor-fähigen Material kann man Sitzbänke, Möbel oder Kinderschaukeln bauen. Dabei geht es uns nicht um den Bau einer Schaukel, sondern einen neuen Werkstoff zu finden, den jemand anderer sinnvoll weiterverarbeiten kann.

Katholische Gesangsbücher haben sich als optisch einzigartiger Werkstoff erwiesen, um Sitzobjekte zu gestalten. Der Altstoff Buch an sich – Milliarden Tonnen werden vernichtet – lässt sich zu schallbrechenden Oberflächen verarbeiten, die ökologisch verträglich, schaumstofffrei und günstig herzustellen sind und damit der klassischen Schalldämmung bei weitem überlegen sind. Der Verein Kunst vom Rand e.V. – kunstvomrand.at – erarbeitet derartige Konzepte zur In-Wertsetzung von periodisch anfallenden Altstoffen, wir leisten „Design-Arbeit mit Nachhaltigkeitsanspruch".

Und womit beschäftigst du dich sonst?

Seit ungefähr drei Jahren begleitet mich das Thema Gemeinwohlökonomie (GWÖ). Für einen Ökonomen ist die Gemeinwohlökonomie ein unterstützenswertes, weil durchdachtes alternatives Wirtschaftsmodell. Meinen Zugang dazu kam aus der Kostenrechnung. Damit eine freie Marktwirtschaft überhaupt funktionieren kann, braucht es Vollkostenrechnung und informierte Kunden. Heute sind wir von der Vollkostenrechnung weit entfernt – die GWÖ erkennt dieses Problem und bietet einen Lösungsansatz an.

Darüber hinaus bin ich als Experte für Redesign in einer Arbeitsgruppe „Regionsentwicklung Kreislaufwirtschaft in Oberösterreich" aktiv. Dort findet man auch Mitglieder der GWÖ. Unsere Fragestellung ist, wie wir den Gedanken der Kreislaufwirtschaft in die tägliche Arbeit der oberösterreichischen Betriebe einfließen lassen können.

Du bist also in vielerlei Hinsicht für den Frieden aktiv?

Das ist richtig. Der respektvolle Umgang mit jedem Lebewesen dieser Erde und der Erde selbst sind mir ein Anliegen. Ich will niemandem etwas Böses, in meinem Weltbild gibt es keine Personengruppen. Es gibt nur Menschen. Es hat noch nie ein Individuum so einen Scheiß gemacht, dass ich von einer Gruppe Abstand nehmen würde. Ich rede auch mit Nazis – weil ich den Menschen sehe. Das ist die Basis von Gesprächen per se, die Vorurteilsfreiheit, jedem eine Chance zu geben. Das heißt aber nicht, dass ich keine klaren Positionen beziehe. Der Nazi, mit dem ich rede, hat sicher auch Gründe für seine Ansichten. Nur im Austausch auf Augenhöhe können wir uns annähern und voneinander lernen.

Ein Aktivist bis du also doch – wenn auch ein ruhigerer. Jeder auf seine Art. Vielen Dank.

Andreas Petrick

Geboren 1963 in Schwerin, lebt in der Nähe von Hamburg, verheiratet mit Olga aus St. Petersburg. Hauptberuflich als Fliesenleger, nebenberuflich in Deutschland und Russland als Musiker tätig, setzt er sich aktiv für Frieden mit Russland ein und bereitet seinen Umzug nach Utorgosh in Russland vor.

Du engagierst dich speziell für Frieden mit Russland?
Stimmt, das ist mein Hauptthema. Ich bemühe mich, wenn ich Zeit habe, auch andere Aktionen wie z. B. die Schließung der Airbase in Ramstein zu unterstützen. Aktiv oder passiv bin ich immer dabei, weil ich überzeugt bin, dass sich alle für Frieden engagieren müssen. Aber Russland liegt mir besonders am Herzen, nicht zuletzt, da ich ja bald dort leben werde.

Wieso planst du nach Russland auszusteigen?
Das hat mehrere Gründe. Zum einen kümmert man sich in Deutschland nicht um die Menschen. Die Armut wächst, die Rente reicht für viele hinten und vorne nicht, es geht einfach nur bergab. Zum anderen kann ich die Lügen nicht mehr ertragen. Ein Land – konkret die USA – ist weltweit in Kriege involviert. Aber man sagt uns in allen Medien, dass Russland der Aggressor sei, der uns bedroht. Warum glaubt man das? Ich kann nicht verstehen, dass so viele Menschen es nicht merken.

Und du glaubst, dass es in Russland besser ist?
Ich glaube es nicht, ich weiß es. Meine Ehefrau ist Russin, die fast 20 Jahre in Deutschland gelebt hat und beide Länder sehr gut kennt. Sie

121

war in den schlimmen 90er-Jahren gekommen, als während der Oligarchenzeit Mord und Totschlag auf der Straße herrschten. Das Leben war bedrohlich, die wirtschaftliche Situation war eine Katastrophe und die Russenmafia hat quasi illegal regiert. Es war eine schlimme Zeit. Früher hätten sie keine zehn Pferde mehr nach Russland gebracht, sie hatte mit ihrer Heimat abgeschlossen. Aber das ist dank der jetzigen Regierung anders. Russland ist wieder ein sicheres Land. Man kann ohne weiteres nachts in Moskau allein auf die Straße gehen. Und wirtschaftlich geht es – trotz Sanktionen – stetig bergauf. Es war letztlich ihre Entscheidung, wieder nach Hause zu gehen. Und ich folge ihr sehr gerne.

Bist du öfters in Russland?
Ja, meist bin ich einen Monat in Deutschland und dann zwei Wochen in Russland, da Olga fast nur noch in Sosnovy Bor bei Utorgosh wohnt – wir sehen uns viel zu selten. Schritt für Schritt setzen wir die Übersiedelung um. Mit einem Fuß stehe ich noch in Deutschland und verdiene so viel Geld wie möglich, um den Umzug nach Russland zu ermöglichen. Im Laufe des Jahres 2018 sollten aber die notwendigen Formalitäten erfüllt sein.

Welche Formalitäten gibt es denn?
Man muss die russische Sprache beherrschen – d.h. einigermaßen kommunikationsfähig sein und sich auch in der russischen Kultur und Geschichte etwas auskennen. Darüber hinaus muss man eine gesicherte Existenz nachweisen. Ich hoffe, dass mein Russisch bald den Anforderungen der Einwanderungsbehörde genügt, sodass ich Deutschland adieu sagen kann. Russisch ist schon sehr anspruchsvoll, die Grammatik ist kompliziert und ich kämpfe mit der Aussprache.

Wie seid ihr gerade auf Sosnovy Bor gekommen? Und wovon lebt ihr dort?
Sosnovy Bor ist ein Dorf in der Großgemeinde Utorgosh. Es ist einfach wunderschön dort. Auf einer Fläche von 60 000 km² sind sehr viele kleine Dörfer verteilt. Wir haben dort 27 ha Land gekauft und ein Haus

am See gebaut. Primär wollen wir von der Selbstversorgung – eigenem Gemüse, eigenen Tieren und unserem großen Acker – leben. Derzeit wird gerade Heu eingefahren, das wir teilweise verkaufen können. Längerfristig wollen wir ein wenig Tourismus aufbauen und haben bereits ein erstes Gästehaus errichtet. Dass die Gegend für Menschen aus Deutschland interessant ist, hat sich bei den Friedensfahrten 2016 und 2017 – der Druschba – gezeigt.

Warst du bei der Freundschaftsfahrt dabei?
2016 ja, 2017 war ich nur vor Ort, als die Friedensfahrer zu Besuch kamen. Beide Male habe ich zusammen mit russischen Künstlern ein Konzert gegeben. Und natürlich habe ich auch meine Frau bei der Organisation des Besuchs unterstützt.

Ihr habt also den Besuch der Druschba dort organisiert?
Ja, Olga hat das gemeinsam mit ihrer Freundin Uljana vorbereitet, für Schlafgelegenheiten in der Schule gesorgt, das Fest und die Verpflegung organisiert – also alles, was notwendig war, damit die Friedensfahrer sich wohl fühlen und es zu einer echten Begegnung der Menschen kommt. So entstand dann 2016 auch die Idee des Friedensprojektes für die Schule von Utorgosh. Wir wollen einfach durch gemeinsames Tun eine Verbindung zwischen den Menschen erreichen.

Um welches Projekt handelt es sich denn?
Einige, die in der Schule übernachtet und die Klos gesehen haben, haben sich gedacht, da muss man ja was machen. Die entsprechen nicht ganz dem Standard, schon gar nicht dem deutschen Standard – um es freundlich zu sagen. Alles ist total veraltet, Trennwände fehlen, die Fliesen sind uralt, der Boden muss erneuert werden. Da wollen wir einfach was tun.

Und warum machen die Russen selbst nichts?
Es hat bis jetzt wohl keinen gestört. Die Menschen auf dem Dorf sind nicht so anspruchsvoll wie wir. Sie sind selbst in – aus unserer Sicht –

armseligen Hütten sehr zufrieden. Und natürlich reicht das Geld hinten und vorne nicht.

Wieviel wird denn benötigt?
Für die gesamte Sanierung brauchen wir 4 500 Euro und natürlich aktive Helfer.

Und wie verläuft das Projekt?
Helfer sind einige da. Einige Russen wollen sich gerne engagieren und zwei Mitfahrer der Druschba – Hans Georg und Volkmar – haben ihre Hilfe zugesagt. Auch andere wollen gerne mitarbeiten. Wir haben einfach mal zum Sammeln aufgerufen. Es kamen über 2 000 Euro – von den Friedensfahrern und anderen Facebook-Unterstützergruppen – zusammen. Aber es fehlt leider noch einiges. Wir müssen wieder einen Spendenaufruf starten, um die fehlenden Gelder zu beschaffen.

Warum soll man sich da beteiligen?
Wir wollen mit diesem Projekt eine konkrete Friedens- und Freundschaftsbotschaft vermitteln, nicht nur reden, sondern auch aktiv handeln, aktiv etwas für ein gutes Verhältnis zwischen Deutschen und Russen tun. Die Menschen in Utorgosh sind so freundlich und aufgeschlossen und haben uns bei der Druschba zweimal sehr liebevoll und herzlich empfangen.

Und wie kann man sich beteiligen?
Am einfachsten eine kurze Mail an mich unter `paddyffm@t-online.de` schicken – dann klären wir die Möglichkeiten persönlich.

Dann viel Erfolg für euer Friedensprojekt!

Lukas Puchalski

Geboren 1984 in Legnica in Polen, wohnhaft in Köln, Beruf Kfz-Mechaniker und Fachkraft für Lagerlogistik, Firma für Vertrieb von Free21.
Hobbys: Dart, Sport, Musik ist wichtig für mich – kaum Zeit für Hobbys, da beschäftigt mit Haussanierung für ein autarkes Leben.

Das ist ein guter Einstieg, warum autark?
Ein Aspekt ist, ein Zeichen zu setzen. Den Menschen zu zeigen, dass mir das wichtig ist. Jeder, der uns besucht, soll mitbekommen, dass wir Autarkie anstreben. So kommt man ins Gespräch, aus welchen Gründen wir das tun. Ein zweiter Aspekt ist meine Erwartung, dass die gewohnten logistischen Ketten – Supermarkt, derzeitige gesellschaftliche Zusammenarbeit – früher oder später ins Stocken geraten oder zusammenbrechen. Ob Wirtschaftskrise oder kriegerische Auseinandersetzung, beides kann dazu führen, dass die Energieversorgung ausfällt. Davor will ich uns schützen, bzw. mit eigener Energie das Leben weiterführen können.

Was hast du vor?
Ich will die Photovoltaik zusammen mit einem Speicher betreiben, bei möglichst geringer Netzeinspeisung. 10 kW peak am Dach mit entsprechender Speicherleistung im Keller – wobei die Batterie-Technologie noch offen ist. Die Heizung sollte neben Gas über Infrarot laufen. Das zieht enorme Leistung, da braucht man ein gutes Speichersystem. Wenn alles Mögliche ausfällt, verfügt man über eigenen Strom und Heizung über Infrarot – sodass ein Notbetrieb da ist, der ein halbwegs vernünftiges Leben erlaubt.

Seid ihr auch beim Essen selbstversorgt?

Wir haben einen Schrebergarten, den wir zusammen mit meiner Mutter bewirtschaften. Das ist noch keine Vollversorgung, die streben wir aber an. Als Kinder unserer Zeit kaufen wir viel im Supermarkt – Alnatura, Fairtrade und biologisch –, aber immer mit dem Bewusstsein, dass das von heute auf morgen enden kann. Wir haben die Möglichkeiten, auszuweichen, mit eigener Mühle und Brotbackmaschine. Die Selbstversorgung bauen wir sukzessive aus. Das Ganze machen wir stressfrei; was möglich ist, nehmen wir gerne an. Wir lassen uns nicht von Worst-Case-Szenarien treiben, sondern bauen einfach konsequent aus. Das eigene Häuschen, das wir Anfang 2018 gekauft haben, eröffnet uns viele neue Chancen zur alternativen Lebensgestaltung. Durch die Verwendung von Lehm, Hanf und anderen recyclebaren Materialien kann das Haus leben und atmen und ein tolles Raumklima entwickeln. Das ist mir ganz, ganz wichtig. Das ist ja auch gelebte Politik.

Seit wann bist du so politisch aktiv?

Begonnen hat das 2006/2007, als ich freiwillig Dienender mit verlängerter Wehrdienstzeit bei der Bundeswehr war. Ich fing an, Sachen zu hinterfragen. Auslöser waren 9/11 und der Film „Loose Change". Mir wurde klar, dass viele Fragen seitens der Regierungen nicht beantwortet werden. Dann habe ich mich gefragt: Was ist mit den Kriegen, die darauf aufbauen? Was ist dann in Deutschland wirklich die Wahrheit? Warum macht man da mit? So wurde ich immer kritischer, habe Themen hinterfragt, recherchiert und mein Leben weitergelebt. Ab 2011 beschäftigte ich mich dann mit dem Finanz- und Wirtschaftssystem, habe gleichzeitig nach Lösungen gesucht. Was kann man tun, wenn alles schiefläuft? Es muss doch Auswege geben. Heute würde ich aus ethischen Gründen nicht mehr zum Bund gehen, auch wenn die Zeit schön war. Wir haben Gott sei Dank nur Krieg gespielt, aber für mich ist alles andere jenseits einer Verteidigungsarmee nicht akzeptabel. Und Deutschland führt sehr viele Kriege, Bündnisfälle, bei denen noch nicht mal klar ist, warum es zum Krieg gekommen ist. Die Kriegsgründe bzw. Kriegseintritte haben sich ja immer als Lügen erwiesen. Richtig aktiv wurde ich 2014.

Aufgrund der Mahnwachen?

Nein, schon früher. Ich wollte mich mehr engagieren, ein Thema war Monsanto und das genmanipulierte Saatgut. 2013 fuhr ich zu einer Demo wegen des Bedingungslosen Grundeinkommens nach Berlin. Zufällig bin ich dort auf Menschen gestoßen, die das Thema der Souveränität Deutschlands massiv in Frage stellten, und habe auch Leute kennengelernt, die Geoengineering kritisieren. Da wurde mir klar, dass ich mich mit Menschen aller Gruppen auseinandersetzen sollte, um Impulse aus allen Bereichen zu bekommen. Man muss sich breit informieren, um eine fundierte Basis für Diskussionen zu haben. Dann kam es in Berlin zur Mahnwachen-Bewegung, die auch Köln erreichte. Noch vor „Stop Monsanto" entstand in Köln eine kleine Gruppe, in der ich mich einbringen konnte. Seitdem gehe ich regelmäßig auf die Straße, um ein Zeichen zu setzen.

Aber du gehst nicht nur auf Demos?

Nein. Relativ schnell begann meine Arbeit für Free21. Tommy Hansen hatte Ende 2014 das Portal free21.org ins Leben gerufen. Ich war begeistert von seiner Idee. Ich sah das Potenzial: Munition für die ganzen Mahnwachen – für Menschen auf der Straße, die andere informieren wollen. PDF sind besser als ein Flugblatt. Sie waren zwar qualitativ hochwertiger, aber auf schlechtem Papier, mit schlechtem Drucker gedruckt, konnte es wieder ein schlechter erster Eindruck werden. Das gefiel mir nicht.

Darum wurdest du Verleger?

Eigentlich war es eine zornige Rede von Ken Jebsen auf einer Berliner Mahnwache, die mich ins Handeln brachte. Ken meinte: „Leute, Tommy hat seine Idee mit dem Portal realisiert, er liefert euch alles fertig, ihr könnt drucken und verteilen. Das Einzige, was ihr tun müsst, ihr müsst es machen. Werdet eure eigenen Verleger!" Er war zornig, weil es zu wenig Interesse, zu wenige Nutzer gab, dabei war es schon Monate online. Eigentlich hätte ein Vertriebsprofi oder ein Verleger das Ganze in die Hand nehmen müssen. Als ich den Frust von Ken auf der Mahnwache sah, da dachte ich: Wenn es keinen gibt, muss ich es selbst machen. Daraufhin habe ich Tommy angeschrieben – und dann kam eines zum anderen …

Hattest du irgendeine Qualifikation für Verlagswesen?
Nein. Ich war noch in der Ausbildung zur Fachkraft für Lagerlogistik, im Februar hatte ich Abschlussprüfung, die erste Ausgabe kam im März raus. Ich habe alles daran gesetzt, das Magazin erfolgreich an den Start zu bringen. Es war zudem wichtig, dass ich ins Handeln gekommen bin. Die Umsetzung erfolgte ohne große Unkosten und hat funktioniert.

War das nicht riskant?
Ich habe immer geglaubt, dass es ein Erfolg wird. Mit diesem Glauben bin ich drangegangen. Bei der ersten Ausgabe war noch ein hohes finanzielles Risiko dabei, aber das gesamte Geld kam wieder rein. Und jetzt sorge ich bundesweit für die Distribution. Neben den Abos bin ich auf allen wichtigen Veranstaltungen – Ramstein, Pax Terra, Demos –, aber auch bei Vorträgen von namhaften Sprechern wie Dr. Ganser oder Hermann Ploppa mit Auto und Zelt dabei, wenn es sich irgendwie zeitlich machen lässt.

Was ist weiter wichtig für dich, was treibt dich an?
Mir sind auch andere Projekte ein Anliegen, die sich um die Gestaltung einer besseren Welt drehen. Wenn Zeit verfügbar ist, engagiere ich mich. Als Mensch ohne Kinder, nur mit Partnerin, kann ich mich engagieren, aber das wird 2018 zwangsläufig weniger. Ich möchte Human Connection und Pax Terra Musica weiter nach vorn bringen. Beides ist mir sehr wichtig, z.B. bin ich bei den Kamingesprächen für Human Connection aktiv dabei. Denn was mich motiviert, sind positive Dinge; davon braucht es unbedingt mehr, damit es zur Veränderung kommt.

Wie meinst du das?
Was momentan in der Friedensbewegung und auch in anderen Organisationen passiert, ist Spaltung – also Negatives. Darum möchte ich jedem

sagen: Arbeitet nicht gegeneinander, seht nicht alles so eng. Natürlich muss man gegen offensichtliche Hetze und offensichtlichen Rassismus den Mund aufmachen, das versteht sich von selbst. Aber man sollte sich hauptsächlich auf das Positive konzentrieren und Positives mit eigener Energie unterstützen. Ein System wird man dadurch los, dass man neue Systeme ins Leben ruft, die das alte obsolet machen. Darauf sollten wir alle unseren Fokus legen. Statt die Unterschiede zu kultivieren, die es zwischen Individuen natürlich immer gibt, sollten wir die Gemeinsamkeiten suchen und Solidarität zwischen Menschen und Initiativen fördern. Dann entsteht Neues.

Ein positiver Satz zum Abschluss – danke dafür!

Erik Schaldach

 Geboren 1978 in Leer, dort wohnhaft, bekannt als Enrico Schadali. Von Beruf Kfz-Mechaniker & Systemelektroniker, war selbstständig im Vertrieb von Unterhaltungselektronik und Event-Organisation, jetzt Security bei Autorennen. Hobbys: Menschen, Netzwerken, Reisen und Aktivismus auf der Straße.

Seit wann bist du auf der Straße?
Es begann 2012 mit den ACTA-Demos. Da war ich erst passiv als Teilnehmer dabei. Ich sah, dass Rechte eingeschränkt werden sollten und hohe Strafen für Lappalien drohten. Das gefiel mir nicht.

Wann wurdest du aktiv?
Das war Anfang 2014. Wir saßen in Arbeitsgruppen zusammen und beschäftigten uns mit politischen Themen. Als im März in Berlin die Mahnwachwachenbewegung entstand, führte das bei uns in Leer am 5. Mai zur ersten Mahnwache für den Frieden.

Wie lief es in Ostfriesland?
Beim ersten Mal waren wir 55, bei der zweiten dann schon 70. Später pendelte es sich um die 60 ein. Während der Fußball-WM waren es weniger, aber der harte Kern waren 25, die gemeinsam 80 Mahnwachen durchstanden. In die Orga-Gruppe konnte jeder seine Stärken einbringen. Internet, Organisatorisches, Technik, Logistik. Mein Vater hat uns mit seinem Kombi immer die Sachen – Zelt, Technik, Unterlagen – gebracht. Wir waren eine fixe Crew. Besonders eng habe ich mit Marco Benotti zusammengearbeitet und verschiedene Projekte gestartet. So haben wir z. B. den Ukraine-Hilfstransport von Björn Apostel von der Mahnwache Leer aus unterstützt.

Kennst du Marco schon lange?

Nein, wir haben uns erst in diesem Rahmen kennengelernt. Wir wollten beide am selben Tag die Mahnwache beim Ordnungsamt anmelden. Er hat morgens angerufen – da war der Zuständige aber nicht da – und ich bin nachmittags gegen 15:00 Uhr zur Sprechstundenzeit ins Amt gegangen. Da sagte man mir, dass am Morgen schon jemand Kontakt aufgenommen habe. Daraufhin habe ich die Beamten gebeten, Marco meine Daten weiterzugeben. Ich wohnte damals 400 Meter vom Amt entfernt. Ich war kaum zuhause, da klingelte schon das Telefon. Marco stellte sich vor und schlug vor, dass wir uns treffen. Ich lud ihn gleich zu unserem nächsten Arbeitsgruppentreffen zu mir nach Hause ein. Nach kurzer Zeit waren wir per du. Wir lagen auf der gleichen Welle, uns interessierten die gleichen Themen, sodass wir die Mahnwache von Anfang an gemeinsam planten.

Wie ging es für dich weiter?

Ich war bei ca. 60 Mahnwachen in Leer dabei, habe dann eine Zeitlang in Oldenburg gewohnt und war dort in der Orga aktiv.

Im Rahmen der großen Monsanto-Demo haben wir das Bündnis Nordwest – sechs Städte, eine Stimme – bei mir im Garten gegründet. Alle Orgas waren auf der Demo in Leer und haben sich anschließend bei mir getroffen. Man muss sich näher kennenlernen; der persönliche Kontakt ist wichtig, um zu wissen, wie der andere tickt. Unser Ziel war, gemeinsam mehr Leute zu erreichen. Eine gemeinsame Mahnwache, einmal im Monat jeweils am Samstag, in der Rotation in diesen sechs Städten. Je mehr Menschen bewusst ist, wie krank das System ist, umso besser.

Was stört dich denn besonders?

Das ganze unfaire System, die ungerechte Besteuerung, das endlose Wachstum, das in einer endlichen Welt nicht funktionieren kann. Man muss langfristig und nachhaltig denken. Wichtige Themen werden durch Patentrecht unterdrückt, wichtige Informationen gehen verloren. Wissen sollte für alle frei verfügbar sein. Menschen sollten gleiche Start- und

Lebenschancen haben. Und natürlich das Thema Krieg. Warum gibt es Krieg? Es geht doch nur darum, Machtinteressen durchzusetzen. Es sind nur ganz wenige Menschen an wichtigen Entscheidungen beteiligt. Wir leben ja auch nicht wirklich in einer Demokratie: Überall setzen sich Lobbygruppen und Konzerne durch. Menschen, die in die Politik gehen, um etwas Gutes zu tun, werden mundtot gemacht und verschwinden wieder. Hier bestand und besteht dringender Informationsbedarf. Dafür gibt es Informationskanäle wie KenFM oder Menschen wie Eugen Drewermann oder Dr. Daniele Ganser. Aber eben auch Mahnwachen und andere Protestformen.

Was gehört für dich dazu?
Zum Beispiel die Ramstein-Proteste. Da war ich von Anfang an mit dabei. Daraus entstand unser friedlicher Protestkonvoi. Jenny und Chris haben ihre Wohnmobile angemalt, wir haben unsere Autos bemalt, sind gemeinsam auf die Demos gefahren und haben andere Aktivisten mobilisiert. Inzwischen haben wir weit über 40 Städte angesteuert – alle großen Städte, manche mehrmals, auch schon eine Rundfahrt durch den Osten.

Dann war ich bei den TTIP-Demos in Hannover und Berlin. Ich will durch Protest auf der Straße Zeichen setzen und auf wichtige Themen aufmerksam machen. Ich möchte den Menschen bewusst machen, dass es um eine sichere Zukunft auch für ihre Kinder geht. Man muss gar nicht viel tun – es hilft schon, etwas nicht zu tun, zum Beispiel Produkte von Großkonzernen nicht mehr zu kaufen.

Am 9. Mai 2015 war unsere Peace Parade in Leer, angelehnt an die Love Parade. Da lag der Schwerpunkt mehr auf Musik statt auf den Redebeiträgen. Ungefähr 200 Menschen haben mitgefeiert – mit Musik spricht man Menschen leichter an. Das sieht man ja bei Pax Terra Musica.

Du bist bei Pax Terra aktiv?
2017 habe ich dort im Sani-Bereich mitgeholfen und den Sanitätsdienst mitorganisiert, nachdem die zugesagten Sanis kurzfristig abgesprungen waren. Wir mussten improvisieren, alles, was man braucht – einen Arzt, ein Zelt und ein paar qualifizierte Helfer, Sanitätskoffer, Massage-Liege –

organisieren. Die Verantwortlichen vom Ordnungsamt waren aber sehr zufrieden mit dem, was wir auf die Füße gestellt haben. 2018 sollte es entspannter werden, aber als Aufbauhelfer mache ich gerne wieder mit. Wenn helfende Hände gebraucht werden, bin ich immer gerne dabei. Auch die Bärensuppen-Tour habe ich begleitet. Ich war Kameramann, Tontechniker, Fahrer für fast die ganze Tour, solange es nicht mit meinem Job kollidierte.

Du bist also Macher?
Ja, Macher und Netzwerker. Ich bringe gerne Menschen zusammen und kann gut organisieren. Jetzt versuche ich, Human Connection zu pushen. Wir müssen noch Sponsoren finden, die regelmäßig zehn Euro im Monat zusammenbringen, um die Weiterentwicklung der Plattform zu gewährleisten. Bei den Human-Connection-Kamingesprächen bringe ich mich ebenfalls mit ein. Bei denen wird in lockerer Gesprächsrunde diskutiert, mit welchen Ideen wir das Projekt fördern und vorantreiben können.

Vermutlich werde ich mit Björn Apostel zusammen das Friedensmanifest 2018 organisieren, das Ende Juni in der Nähe von Hannover stattfinden soll. Die bisherigen Organisatoren sind Eltern geworden und haben dementsprechend dieses Jahr keine Zeit dafür.

Es kommt bei dir sicher keine Langeweile auf – viel Spaß dabei!

Klaus Schreiner

Geburtsjahr 1969, Innsbruck, Beruf: Selbstständig als Bilanz- und Finanzbuchhalter und Lohnverrechner, überzeugter aber nicht militanter Veganer, begeisterter Leser von Fach- und Sachbüchern, begeisterter Schreiber von politischen Mails, Leserbriefen, Presseaussendungen, Blogs und Fachartikeln

Wie bist du Friedensaktivist geworden?

Das hat zwei Gründe: Durch meinen kaufmännischen Beruf bekam ich Einblick in sehr viele Firmen – u. a. aus der Bau- und Autoindustrie. Das hat mich bereits einiges über Korruption gelehrt, einiges, was mich nicht wirklich begeistert hat.

Der zweite Grund war, dass ich mit 22 anfing, Fach- und Sachbücher zu lesen. Ob Globalisierungskritik, Wirtschaft, Welthunger, Umweltprobleme, Ernährung, Psychologie oder Soziologie. Ich glaube, ich habe inzwischen rund 1 000 Bücher verschlungen. Dabei habe ich versucht, anerkannte, namhafte Autoren wie Noam Chomsky, Jean Ziegler oder Joseph Stieglitz zum Thema zu finden. Ein Schwerpunkt waren und sind die Finanzmarktprobleme der USA. Wer sich damit beschäftigt, stößt auf die verschiedensten Zusammenhänge – insbesondere auch auf die Auswirkungen auf den Frieden.

Aber Lesen allein macht ja noch keinen Aktivisten aus, oder?

Richtig. Vor vier Jahren – genau am 13. April 2012 – entschied ich mich, wieder aktiv zu werden. Ich schrieb eine Mail an den ORF Tirol und wollte mit dem Chefredakteur über unser korruptes System sprechen. Um dem Nachdruck zu verleihen, baute ich direkt beim ORF Tirol einen Informationsstand mit Büchern zum Thema Parteienfinanzierung auf. So kam es zu einem Gespräch, das zeitbedingt zwar nur kurz ausfiel – aber immerhin. Es gab Interesse an meiner Presseaussendung. Das war der Beginn meiner Kampagnen, bei denen ich die Medien bis heute immer wieder zu Themenschwerpunkten mit Material versorge, das man bei Reuters oder APA typischerweise nicht erhält.

Was verstehst du unter Kampagnen?
Ich schreibe alle Mitglieder der Bundesregierung, Bundes- und Nationalräte per Massen-E-Mail an und übersende die jeweiligen Texte gleichzeitig auch an alle großen Medien. Das waren bzw. sind Ausarbeitungen zu Themen wie unser korruptes System, Lücken in der Gesetzgebung zu Parteien- und Politikerfinanzierung, Lücken in den Lobbyistengesetzen oder im Korruptionsstrafrecht. Ich informiere über die Medienfinanzierung, die einzigartig in Europa ist und für wechselseitige Abhängigkeiten sorgt. Im Jahr werden rund 300 Millionen Euro an Werbegeldern durch die Gebietskörperschaften in die Medien investiert. Das führt zu einer Verbrüderung der Machteliten in Wirtschaft, Medien und Politik. Mangelnde Wirtschaftsethik war auch schon ein Thema. Rund 300 Mails – gut 800 bis 1 000 Seiten – sind da in den letzten Jahren zusammengekommen.

Das ist ja schon einiges – aber noch nicht alles?
Meine Freunde haben mir vorgeworfen, dass ich mich an den falschen Kreis wende. Um mehr Öffentlichkeit zu erreichen, gründete ich 2013 den Blog aktivist4you.at und begann zeitgleich, in Innsbruck Demonstrationen zu organisieren. Dabei ging es um Mietrecht, das Agrarunrecht in Tirol und viele lokale Themen. Im Mai 2014 war ich dann einer der Organisatoren der Innsbrucker Friedensmahnwache. Am 26.05. ging es los – mit damals 180 Besuchern. Leider haben dann Rechte versucht, sich in den Vordergrund zu drängen. Darauf gingen die Besucherzahlen zurück und im Internet begann die Hetze. Wir sind die Rechten zwar wieder losgeworden, aber der Schwung ging verloren. Im Dezember 2015 haben wir aufgehört. Es gibt aber noch die jährliche Monsanto-Demo, Demos für Flüchtlinge oder Tierrechte, den Weltfriedenstag am 23.09. – es bleibt also viel zu tun.

Auch im TV kann man dich inzwischen schon sehen, nicht wahr?

Ja, ich war Mitorganisator der Bilderberger-Proteste in und um Telfs und habe dafür gesorgt, dass direkt vor dem Hotel protestiert wurde, habe den Transfer organisiert und ATV bei der Berichterstattung unterstützt. Es gab mehrere Anfragen seitens der Medien, z. B. bei der Barbara Karlich Show oder beim ORF die Doku von Hanno Settele über die zehn Verbote. Aber mein Hauptaugenmerk liegt derzeit auf dem Blog und provokanten Medienaussendungen, um sie an ihre Verantwortung zu erinnern.

Was machst du da?

Ich sorge dafür, dass Medienkritik an die Öffentlichkeit dringt. Es geht um Aufklärung, Aufklärung und nochmals Aufklärung. Dafür vernetze ich mich über Tirol hinaus, bin beispielsweise Mitadministrator bei den Facebook-Gruppen Occupy Wien und TTIP Aktionsbündnis Österreich.

Hast du denn noch Zeit für einen normalen Beruf? Wovon lebst du?

Ich kann so agieren, weil ich unabhängig bin. Sobald man politisch sichtbar wird, kann es Probleme geben. Ich habe rund 100 treue Kunden, das bedeutet für mich nur wenige Stunden Arbeit pro Woche. Meine Angestellte unterstützt uns mit 17 Stunden und trägt wesentlich dazu bei, dass ich aktive Widerstandsarbeit machen kann. Der Rest meiner Arbeitszeit gehört zu großen Teilen der politischen Arbeit. Viel Geld brauche ich nicht. Ich lebe fast an der Armutsgrenze, ein einfaches Leben, bewusst vegan und mit so wenig Konsum wie möglich. Seit über 20 Jahren habe ich kein Auto. Meine große Liebe ist und bleibt das Lesen, da gebe ich immer wieder Geld aus, aber mein täglicher Wald- und Bergspaziergang und die Kontakte zu Freundin und Freunden sind völlig kostenlos.

Und warum machst du das alles?

Weil es Sinn und Spaß macht. Weil es wichtig ist, nicht schweigend zu- oder weg zu sehen. Weil es wichtig ist, gegen bestehendes Unrecht etwas zu unternehmen. Ganz einfach.

Dann kann man einfach nur sagen: Weiter so!

Fee Strieffler

Baujahr 1954, geboren und wohnhaft in Kaiserslautern, verheiratet mit Wolfgang Jung, Grund- und Hauptschullehrerin bis 2002, zehn Jahre Glasperlen- und Schmuckgestaltung, seit 2017 in Rente. Hobbys: Kunst & Gestaltung, Fahrten mit dem WoMo.

Du bist ein Urgestein der Friedensbewegung – seit wann gehörst du dazu?

Seit 1979. Der Nato-Doppelbeschluss war der äußere Anlass. Ich war aber schon immer friedensbewegt, da ich aus einem durch Krieg traumatisierten Haushalt stamme. Mein Vater hat 1944 als Zwölfjähriger die ganze Familie durch Bombenangriff verloren, die Familie meiner Mutter wurde am gleichen Tag zum zweiten Mal ausgebombt. Krieg war immer ein Familienthema, etwas, das nicht nochmal passieren darf. Waffen und Krieg führen nur zu unendlichem Leid. Mit dem Doppelbeschluss mitten im Kalten Krieg wurde die Bedrohungslage sehr konkret.

Und du wurdest aktiv?

Ja. Pfarrer Oeffler hat die Initiative „Komitee für Frieden, Abrüstung und Zusammenarbeit in Kaiserslautern" mit aus der Taufe gehoben und ich wurde schnell zu seiner rechten Hand. Ich habe Demos angemeldet und Veranstaltungen organisiert. Es gab eine rasante Entwicklung und eine vielfältige Friedensbewegung entstand. Jeder, der in Kaiserslautern und der Region etwas für Frieden tun wollte, war z. B. donnerstags beim KOFAZ dabei.

Wer gehörte zu „Jeder"?

SPD-ler, Jusos, Jungdemokraten, anfangs der KBW, Grüne, die DKP, VVN-BdA, SDAJ, DGB und lokale Gruppen aus der Umgebung. Das

KOFAZ Kaiserslautern war eine Institution. Es war richtig was los, ein breit angelegtes Bündnis von Friedenswilligen. Das war Bündnisarbeit, wie wir sie uns heute wünschen, wie ich sie seit Jahren anmahne. Die Friedensbewegung gehört keiner Partei. Frieden gehört allen, alle sind dafür verantwortlich. Eine Abgrenzung ist nur notwendig, wenn es um Nazis, Neo-Nazis oder Rassisten geht. Aber die haben ja eh nichts mit Frieden im Sinn, da trennt sich schnell die Spreu vom Weizen. Derart breite Bündnisse scheinen heute aber nicht mehr gewollt zu sein. Und Menschen wie Oeffler und Niemöller fehlen.

Du hast Niemöller persönlich kennengelernt?
Ich hatte das Glück, ihn mehrmals treffen zu dürfen. Neben anderen Persönlichkeiten war er einer der Redner bei der ersten großen überregionalen Friedens-Demo im Zusammenhang mit dem NATO-Doppelbeschluss in Kaiserslautern, der Internationalen Manifestation für den Frieden, 1980. Bei einem der Vorgespräche in Wiesbaden, zu dem mich Hans-Joachim Oeffler mitnahm, sagte Martin Niemöller, ich sei eine mutige junge Frau. Er gehört zu meinen Vorbildern. Neben dem bekannten Zitat, „Als die Nazis die Kommunisten holten ...", das aus einem Gespräch mit Pfarrer Oeffler stammt, hat mich sein Lebensmotto „Was würde Jesus dazu sagen?" sehr beeindruckt, obwohl ich Agnostikerin bin. Es schadet auch nicht, öfters mal innezuhalten und sich die Frage zu stellen. Leider hat sich seit damals viel verändert.

Sind die Unterschiede zu heute sehr groß?
Oh ja. Damals gab es eine richtig große Friedensbewegung in Rheinland-Pfalz, die von der Pfalz über den Hunsrück bis in die Eifel reichte. Überall, wo es Standorte der USA und der Nato gab, war in Rheinland-Pfalz richtig was los. Man arbeitete zusammen, ordnete sich dem gemeinsamen Ziel „Keine neuen Atomraketen" unter, bildete breite Bündnisse. Heute gibt es viele kleine Grüppchen, die sich abschotten, und das Agieren in die Breite fehlt. Es gibt kaum noch Infostände, kaum Information auf der Straße. Wenn sich Friedensinitiativen z. B. in Parteibüros treffen statt an öffentlich zugänglichen Orten, fühlen sich viele ausgeschlossen. Die

Friedensbewegung ist zersplittert, zerstritten, und man schreckt nicht vor Diffamierung zurück. Es drängt sich der Eindruck auf, dass von interessierter Seite bewusst Misstrauen gestreut wird. Wie so was funktioniert und welche Folgen das hat, hat man beim Ramsteiner Appell gesehen.

Was ist da passiert?

Der Ramsteiner Appell ging im Mai 2006 fulminant los. Bei den ersten Treffen waren 25 und mehr Menschen dabei, nach vier Wochen hatten mehrere 1 000 Menschen unterschrieben. Man hatte den Eindruck, das gibt eine Lawine, die weit über die Region hinausgeht. Dann wurde auf einer NPD-nahen Website dazu aufgefordert, den Appell zu unterschreiben. So entstand das bewusst gestreute Gerücht, der Ramsteiner Appell sei rechts unterwandert. Dass mein Mann als DKP-Mitglied jahrelang von einem Berufsverbot bedroht war – und ich auch Schwierigkeiten hatte – spielte keine Rolle dabei. So arbeiten die Spalter jedes Mal. So wurden auch die Montagsmahnwachen zerstört. Es ist immer das gleiche Prinzip. Bis zur Wende war der Vorwurf „DKP-unterwandert" oder „kommunistisch infiltriert", heute lautet er „rechts" oder „rechtsoffen".

Du machst aber trotzdem weiter?

Natürlich. Über Jahre habe ich die Klage meines Mannes Wolfgang Jung gegen die verfassungs- und völkerrechtswidrige Nutzung der US-Airbase Ramstein für den Drohnenkrieg unterstützt. Durch das Verfahren, das bis vor das Bundesverwaltungsgericht ging, ist es uns gelungen – und da bin ich stolz drauf, dass ich mithelfen konnte – dieses Morden aus dem Hinterhalt an die Öffentlichkeit zu bringen. Der Prozess hat wesentlich dazu beigetragen, dass Medien darüber berichtet haben.

Wolfgang und ich geben gemeinsam die Luftpost luftpost-kl.de heraus. Darin verbreiten wir übersetzte Originalquellen, die sich meist auf die US-Militärpolitik beziehen. Wer sich informiert, kann wissen, was passiert. Man muss nur die vielfältigen Informationsmöglichkeiten nutzen. Auch vor 1933 stand das Meiste in der Zeitung, was dann kam – auch damals konnte man es wissen. Es wird alles berichtet, man muss es nur wissen wollen. Alles andere sind billige Ausreden, um vor sich selbst eine Entschuldigung für die eigene Passivität zu haben.

Da ich ein kommunikativer Mensch bin und leicht mit anderen ins Gespräch komme, versuche ich auch Menschen und Gruppen zu vernetzen, pflege Kontakte zu linken Abgeordneten und versuche Menschen durch traditionelle Bündnisarbeit zusammenzubringen – z. B. zu den Veranstaltungen der Kampagne Stopp Air Base Ramstein. Ich engagiere mich für die Themen, die mir wichtig sind – auch durch die Verbreitung wichtiger Informationen im Internet. Was mich traurig macht, ist die Tatsache, dass es immer schwieriger wird, Menschen zu finden, mit denen man vertrauensvoll zusammenarbeiten kann.

Warum ist das so?

Man muss sich darüber im Klaren sein, dass die Bundesrepublik eine Schlüsselrolle in den strategischen Überlegungen der USA und der NATO spielt. In keinem anderen Land sind so viele ausländische Truppen stationiert. Jeder größere Protest dagegen wird schon im Ansatz behindert. Wie in den 80er-Jahren sind auch heute überall Spitzel zugange. Mittlerweile werden wichtige Positionen in den Initiativen und Organisationen von Anfang an mit den „richtigen Leuten" besetzt, die dafür sorgen, dass nichts aus dem Ruder läuft. Es werden sogar Bewegungen gekapert. Ein Beispiel: Die Veranstaltung „We are 99 %" 2011 wurde durch Blockupy abgelöst und ab 2012 zunehmend mit der sogenannten „Antifa" und anderen aggressiven Typen durchsetzt. Daraufhin blieben viele bürgerliche Teilnehmer weg, da sie sich nicht zusammenschlagen lassen wollen. Ich bin überzeugt, dass die Pegida als Gegengewicht zu den Mahnwachen gezielt aufgebaut wurde. Da stellt sich immer die Frage: Wem nutzt es? Alles, was passiert, nutzt irgendwem, und wir, die normalen Menschen, haben den Schaden. Trotz alledem – wir müssen uns wehren.

Ist das nicht sehr belastend?

Ja, seit 1979 war nicht nur die emotionale Belastung sehr hoch. In meiner Familie z. B. war ich das „schwarze Schaf". Bei Wolfgangs Berufsverbotsverfahren, das fünf Jahre dauerte, hat uns hauptsächlich die Solidarität von wildfremden Leuten aus fast ganz Europa getragen. Ich fand in der Zeit keine feste Anstellung, wurde nicht verbeamtet, bekam immer nur Zeitverträge, wobei mir nahegelegt wurde, mich von meinem Partner zu trennen. Es hieß: „Wenn Sie sich heute Mittag von diesem Mann trennen, bekommen Sie morgen eine Planstelle." Alles das zehrt natürlich an den Nerven. Der „aufrechte Gang" erfordert viel Kraft und Durchhaltevermögen, und es hilft sehr, wenn andere Menschen auf einen zukommen und sagen: Wir schätzen, was ihr tut. – Es wäre gut, wenn all diese Leute auch mitmachen würden.

Also gilt für euch: Aufgeben tut man einen Brief?
Richtig. Bange machen gilt nicht. Solange die Kraft reicht, mache ich zusammen mit Wolfgang weiter.

Danke dafür, liebe Fee! Euch beiden!

Andrea Tosi

1964 in Lugano geboren, lebte 14 Jahre in San Francisco, jetzt in Zug in der Schweiz, studierte Sozialpsychologie sowie Grafik-Design in den USA, beschäftigt sich in Vollzeit mit Repeace. Hobbys sind Sport, Design, Kino, Kochen, Lachen und Hunde.

Du hast Repeace ins Leben gerufen. Was ist das?
Repeace ist eine Verantwortungskampagne mit dem Ziel, den Spaltungen in der Gesellschaft und im Aktivismus ein Ende zu setzen. Nur im Team kann eine „Friedensmannschaft" erfolgreich sein. Einfach gesagt: mit Repeace möchte ich dazu beitragen, ein neues kollektives Bewusstsein unter Aktivisten zu schaffen.

Und seit wann engagierst du dich dafür?
Die Idee entstand 2008. Im Juni 2009 habe ich sie konkretisiert, und seitdem engagiere ich mich Vollzeit dafür. Das hat natürlich auch mit Konsumverzicht zu tun, bedeutet: weniger Luxus. Anfangs habe ich Repeace von meinen Reserven finanziert; seit vier Jahren unterstützt mich meine Familie, weil auch sie daran glaubt, dass so eine Teambildung dringend notwendig ist.

Warum?
Viele Aktivisten werden von den Hauptmedien verleumdet und diffamiert. Dem müssen wir entgegenwirken. Dafür braucht es auch Marketing-Methoden, um wieder ein sachlich korrektes Bild in der Öffentlichkeit herzustellen. Darum habe ich für Repeace auch eine neue Grafik entwickelt – Rebranding eben. Das meiste an Aktivismus verpufft, es geht viel Energie verloren. Das war in San Francisco besonders deutlich zu sehen.

Was hat dich gestört?

Mein Mailaccount war voller Spendenanfragen, Petitionen und Initiativen. Ich fing an Organisationen zu blockieren. Bei zwei Aktionen war ich aktiv dabei. Einmal bei den „Torch Relay 2008"-Protesten, die von AVAAZ organisiert waren, sowie bei der Protestkampagne gegen die Diskriminierung schwuler Hochzeiten. Es war einfach frustrierend: Entweder wurde gar nicht oder nur kurz und negativ berichtet. Mir wurde immer deutlicher, dass alles irgendwie gesteuert ist. Wir sollen das Gefühl haben, dass Meinungs- und Versammlungsfreiheit bestehen – aber der Einfluss von Protesten wird kontrolliert. Die Eliten haben das im Griff und sind uns drei bis vier Schritte voraus. Dass z.B. AVAAZ letztlich nur eine Gatekeeper-Organisation ist, musste ich auch erst lernen. Obwohl die Bewegung sehr populär war, konnten wir nichts durchsetzen. So war das Friedenszeichen 2007 in San Francisco total angesagt, dort war ja auch die Wiege der Friedensbewegung. Allen waren die illegalen Kriege der USA in Afghanistan und Irak bewusst, aber zu nennenswertem Protest führte das nicht mehr wie früher. Es gab nur einzelne Aktionen wegen Diskriminierung, GMO, Nachhaltigkeit, Abu Ghraib, Menschenrechte und Demokratisierung. Alle hofften bei ihrer Revolution im Gange auf Obama – auch in Bezug auf Demokratisierung – aber es passierte nichts. Das Hippie-Zeichen war Vergangenheit. Es war überall, aber es gab kein echtes Engagement.

Wo siehst du die Ursachen?

Es gab nichts, was die Menschen und Aktionen verband. Passen Projekte nicht zusammen, arbeiten sie gegeneinander. Fließen dagegen Visionen zusammen, wie beispielsweise bei KenFM, Free21 und Human Connection, kommt es zu Synergien.

Und wie willst du das ändern?

Ich beschäftigte mich damit, was eine Friedensbewgung im 21. Jahrhundert sein soll, was Frieden bedeutet. Wir müssen aufhören, Frieden durch die Augen des Krieges zu definieren. Schon Gandhi sagte: Der Feind ist die Angst. Frieden heißt Abwesenheit von Angst. Das ist nicht nur eine praktischere Definition, sondern Basis jeglichen Aktivismus. Angst führt uns in den Kampf – wir sind immer GEGEN etwas. Um uns von diesen Ängsten befreien zu können, müssen wir Angst verstehen, und wenn wir „Frieden" anstreben, sollten wir FÜR etwas anstehen. Angst ist eine Medaille mit zwei Seiten. Die Angst wird von den Regierungen ausgenützt und missbraucht. So hören wir ständig, dass z. B. Terroristen unseren Lebensstil bedrohen und uns zerstören wollen. Mit diesem Narrativ der Angst wollen sie die Zustimmung der Menschen für ihre eigenen Ziele erhalten. Wir sollen durch die manipulative Nutzung der Angst gelenkt werden. Es gibt unzählige Ängste, die bei uns viel mehr den Wunsch nach „Frieden" hervorrufen: Angst vor der Korruption der Demokratie, Angst vor schmutzigen Energien, Angst vor genmanipulierter Nahrung ... Diese Ängste sind die Emotion, die uns auch international verbindet – in Europa, USA, Afrika – alle Aktivisten sind im gleichen Team, das verbindet uns über alle Grenzen. Diese Angst wird von den 1 % der Mächtigen manipulativ – also negativ – genutzt. Das Wissen darüber lässt sich aber auch positiv nutzen. Das ist Strategie.

Wie denn?

Mit Repeace möchte ich den Menschen bewusst machen, dass Frieden die Abwesenheit von Angst ist, und eine alternative Weltanschauung für den Frieden präsentieren. Damit man FÜR etwas ist und nicht gegen etwas. Da viele Organisationen inzwischen vom System übernommen wurden, ging es nicht darum, eine neue Organisation zu bilden, sondern zu identifizieren, was Aktivisten verbindet. Repeace ist ein globales Netzwerk von Menschen, die traditionell als „Aktivisten" bezeichnet werden: Künstler, Schriftsteller, Landwirte, Mütter, Lehrer, Studenten, Arbeiter, Designer, Spiritualisten, die das ganze Konzept von Frieden stärken wollen. Das oberste Prinzip dabei ist: Eigenverantwortliches Verhalten verhindert Konflikte. Jeder kann selbst entscheiden, ob er verantwortlich oder unverantwortlich handelt. Das können Politiker und Konzernlenker ebenso tun wie jeder einzelne Mensch auf der Straße. Hinter den drei Versprechen finden sich die Menschen zusammen, da es positive Ziele sind.

Welche sind die drei Versprechen?

1. Ich werde Unternehmen unterstützen, deren Fokus eine nachhaltige und lokale Wirtschaft ist, und nicht das Lobbying.
2. Ich werde Vertreter unterstützen, die mir Rechenschaft schuldig sind, und nicht private Interessengruppen.
3. Ich werde Länder unterstützen, die Meinungsfreiheit fördern und verteidigen.

Damit deckt man alle wichtigen Themenbereiche, durch ihre Werte, im positiven Sinne ab. Ausführliche Informationen für den deutschsprachigen Raum findet man unter repeace.de.

Wo ist Repeace aktiv, und wie viele Menschen engagieren sich?

Es gibt eine deutschsprachige sowie ein US-amerikanische Plattform. Wir haben um die 15 000 Unterstützer und ich stehe mit Aktivisten in der ganzen Welt in Kontakt. In Island hat man sich das Konzept bereits angeschaut und nach einer isländischen Plattform gefragt. Solch ein Feedback ist sehr motivierend und treibt einen an, weiterzumachen.

Markus Utzinger

Geboren 1969, geboren und wohnhaft in der Nähe von Pirmasens. Von 1990 bis 2000 aktiver Soldat (SaZ 12), anschließend in der Bundeswehrfachschule tätig, heute selbstständiger Energiemakler, Familienvater von zwei Kindern, beschäftigt sich mit „neuen" Medien, Computer und Sport.

Du bist Friedensaktivist, und das als ehemaliger Soldat. Wie passt das zusammen?
Als Aktivisten sehe ich mich noch nicht, ich bin einfach für Frieden. Das liegt daran, dass ich weiß, was Krieg anrichtet. Ich will, dass es keine Kriege mehr gibt, darum stelle ich mich dagegen.

Warst du aktiv im Krieg?
Ja, ich war von 1995 bis 1997 dreimal in Bosnien bzw. Kroatien im Einsatz. Einmal mit der UNPROFOR in einer UN-Mission und zweimal mit der NATO – mit IFOR und SFOR – den Stabilisierungsmissionen. Das hat mich zu dem gemacht, der ich jetzt bin. Ich habe gesehen, dass es immer die falschen Menschen sind, die sich gegenseitig die Köpfe einschlagen.

Wie meinst du das?
Ich hatte von Anfang an immer viele Kontakte zur jeweiligen Bevölkerung – sowohl in Kroatien als auch in Bosnien – da ich als Fahrer eingesetzt war und viel rumkam. So ergaben sich Gespräche mit allen möglichen Gruppen. Und eines wurde in den Gesprächen immer wieder deutlich: Keiner hatte den Krieg begonnen. KEINER. Es waren in allen Gesprächen „die anderen". Ich dachte damals, dass es eine Besonderheit des Landes sein müsse – aus der Historie vielleicht. Erst später wurde

mir die Tatsache bewusst, dass dieser Krieg massiv von außen angeheizt worden war. Das war aber 1999, erst nach meinen Einsätzen. Im Einsatzgebiet selbst bekommt man ja nur das mit, was über die Befehlsstruktur vermittelt wird. Aber es wuchsen sehr früh die Zweifel an der Richtigkeit – nach den verschiedenen Erfahrungen, die ich machte.

Gab es auch Positives?

Auf jeden Fall. Die Zusammenarbeit im internationalen Dienst gehörte dazu. Es gab sehr angenehme Kontakte zu türkischen, dänischen, rumänischen und niederländischen Kollegen. Wir verstanden uns gut, es wurde Hand in Hand gearbeitet. Es gab kein „Du bist Deutscher" oder „Du bist Christ" – Herkunft, Hautfarbe, Religion spielten keine Rolle. Für mich war sehr deutlich: Es gibt keine bösen Soldaten, wir sind alle nur Menschen, die sich dafür engagieren wollten, dass es auf dem Gebiet von Ex-Jugoslawien wieder friedlich zugeht. Das Böse sind die Strukturen der Armee, nicht die Menschen.

Warst du auch direkt mit Krieg konfrontiert?

Nein, den Krieg und die Gräueltaten kenne ich nur vom Hörensagen. Aber ich bin mit offenen Augen durch das Land gefahren. Wenn man die Zerstörungen sieht, verminte Friedhöfe oder die Verletzten im Feldlazarett – da macht man sich seine Gedanken. Und manche Bilder kriegt man nicht mehr aus dem Kopf, wie z. B. das zerstörte olympische Dorf in Sarajewo, das von Minenfeldern umgeben war. Ich habe bei den Hilfsgütertransporten quer durchs Land unendlich viel Zerstörung gesehen. Und niemand von den Menschen, mit denen ich sprach, konnte mir erklären, warum es dazu gekommen war.

Wie wurdet ihr bzw. wie wurdest du von den Einheimischen behandelt?

Das war unterschiedlich. Manchmal wurden wir mit Steinen beworfen. Wir haben dann, wenn möglich, das Gespräch gesucht, nachgefragt, warum man uns angreift. Und die Antwort lag immer in vorausgegangenen Erfahrungen mit anderen Truppenteilen, die – sagen wir mal – weniger nett mit der Bevölkerung umgegangen waren. Das wurde auf alles, was in Uniform daherkam, übertragen. Aber meistens waren die Kontakte positiv, weil man uns als das sah, was wir sein wollten: Helfer. Davon war ich überzeugt.

Wie kam es dann zu der Veränderung in deiner Haltung?
Helfer will ich immer noch sein. Aber wirklich helfen unter realen Bedingungen. Ab dem Jahr 2000 wurde mir immer deutlicher, dass die Nachrichten nicht stimmen, nicht stimmen konnten. Die Nachrichtenlage stand im Widerspruch zu dem, was ich direkt von Menschen erfuhr, die noch vor Ort waren. Meldungen wurden auf dem Dienstweg … verändert, abgeschwächt, verdreht, wurden weggelassen. Es wurden von oben nach unten Feindbilder gepflegt, aber das hatte nichts mit der Realität zu tun. Wenn die Presse berichtete, dass die Lage entspannt sei, ging es rund im Land. Die Informationskette stimmte nicht. Sprach man mit Angehörigen der kroatischen oder serbischen Armee, passte das, was sie sagten, überhaupt nicht zu den offiziellen Informationen, die man erhielt. Natürlich wurde auch auf dieser Seite gelogen, aber bei mir entwickelte sich zunehmend der Eindruck, dass das Land gezielt in den Krieg getrieben worden war, dass das alles von außen gesteuert wurde. Inzwischen erkenne ich das Muster – seit ich nicht mehr in der Armee und dank Vernetzung sehr viel besser informiert bin. Geschichte wiederholt sich. Man konnte das in der Ukraine erneut beobachten – haarscharf das gleiche Drehbuch, das mir aus Bosnien inzwischen vertraut ist.

Du bist also kein überzeugter Soldat mehr?
Nein, so kann man es auch nicht sagen. Es muss für den Fall der Fälle Menschen geben, die dazu ausgebildet sind, unser Land in einem Angriffskrieg zu verteidigen. Aber viel wichtiger sind Aufgaben wie die Herstellung von Wasseraufbereitung, Minenräumung oder ähnliche Aufgaben, die von Armeen wahrgenommen werden. Wie das THW, aber mit Bewaffnung, wo es erforderlich ist. Leider macht Deutschland seit Jahren – vermutlich auf Druck der USA – keine Hilfseinsätze mehr, sondern führt Krieg. Das ist nicht meine Welt. Der Schutz des eigenen Lan-

des ist o. k., aber nicht im Hindukusch, sondern wirklich an den eigenen Landesgrenzen.

Würdest du aktuell Soldat werden?

Sicher nicht. Für Hilfe stehe ich immer zur Verfügung, aber nicht mehr in Uniform. Nicht mit dieser Armee und nicht mit Waffe – Waffeneinsatz kommt für mich maximal zum Selbstschutz in Frage. Die Politik betreibt Hetze gegen Russland, die Sanktionen sind nichts anderes als Hetze. Eine gute Armee arbeitet mit allen Nationen zusammen und lässt sich nicht gegen Russland in einen Krieg treiben. Soldaten sind keine Opfergaben für Bodenschätze.

Wie stellst du dich gegen den Krieg?

Ich beschäftige mich derzeit sehr viel mit Veteranen, um dort zur politischen Bewusstseinsbildung beizutragen. Wir tauschen uns im Internet offen untereinander aus. Da sind auch Menschen dabei, die vor 40 Jahren gedient haben. Und es ist sehr deutlich: Keiner ist „kriegsgeil". Das negative Bild über Soldaten haben wir der Politik zu verdanken, die die Soldaten ausnutzt.

Ansonsten informiere ich mich und teile mein Wissen und meine Erfahrungen mit anderen Menschen. Und das im Internet und in der realen Welt. Es gibt so vieles, was man offiziell leider nicht oder nur verfälscht erfährt.

Sich für Frieden zu engagieren beginnt beim eigenen Verhalten. Ich versuche besonders in konträren Diskussionen ein friedlicher Mensch zu sein. Das ist zwar nicht immer leicht, aber es gibt eben nicht die einzig wahre Wahrheit. Und daher ist das ein wichtiger Schritt.

Vielen Dank für das offene Gespräch!

Wibren Visser

Baujahr 1961, gebürtiger Niederländer, wohnhaft in Linz, Österreich, arbeitet als Controller und verbringt die Freizeit mit Familie, Garten und Laufen.

Was hat dich nach Österreich verschlagen?
Meine Frau. Wir waren beim Skifahren in der selben Pension. Ich lebte damals in Köln und bin dann bald nach München. Nach einem Jahr Wochenendbeziehung zog ich 1985 nach Österreich.

Bist du auch schon so lange politisch aktiv?
Nein. Das begann 2008, da bin ich zufällig auf das Thema 9/11 gestoßen. Ich habe mich informiert und konnte nicht glauben, wie viele Fragen unbeantwortet sind. Zunächst habe ich die Petition der Architects & Engineers for 9/11 Truth (ae911truth.org) unterschrieben. Darin fordern Architekte und Ingenieure aus der ganzen Welt eine neue Untersuchung der Zerstörung der drei Gebäude des World Trade Centers.

Du bist aber weder Architekt noch Ingenieur?
Richtig. Aber jeder kann sich daran beteiligten und diese Non-Profit-Organisation unterstützen. Das war mir persönlich ein großes Anliegen.

Warum das?
Nach der Petition blieb das Gefühl: Das war es jetzt? Man muss doch was tun. ICH muss doch etwas tun. Einfach nur zuschauen, das ging gar nicht. Also habe ich mir eine Aufgabe gesucht, in der ich meine Kompetenzen gut einbringen kann. Ich habe begonnen, das Übersetzungsteam für AE911Truth zu organisieren. 2008 gab es auf YouTube schon sehr

viel Material – aber nur in Englisch. Und da ich nebenberuflich Übersetzungen mache, schien mir das ein sinnvolles Betätigungsfeld. Es geht ja schließlich alle Menschen etwas an, nicht nur die, die gut Englisch beherrschen.

Übersetzt du viel?
Kaum, ich koordiniere und kümmere mich um die Koordination und Technik. Das ist ziemlich zeitaufwendig, vor allem die Kommunikation mit den Übersetzern und Lektoren. Geld haben wir keines, also müssen wir auf das Engagement von Menschen setzen, die das Projekt in ihrer Freizeit unterstützen.

Wie kann man sich die Arbeit vorstellen?
In einer wöchentlichen Telefonkonferenz, an der meist drei bis vier Aktivisten, sporadisch auch Richard Gage, teilnehmen, besprechen wir das Material und entscheiden uns für ein Projekt. Einer vom Team besorgt die Videodatei, dann macht ein Australier ein Transkript mit ungefähren Zeitangaben. Auf Basis dessen entsteht die Version mit englischen Untertiteln, die die Vorlage für die Übersetzungen bildet und exakte Zeitangaben für die Untertitel enthält. In einem Video von 1,5 Stunden Dauer kommen leicht 1 500 solcher Zeitslots zusammen. Die Vorlage geht – über die Sprachkoordinatoren – dann als Excel zu den Übersetzern, die nur dann mitwirken, wenn sie Zeit und Lust haben, bzw. ihnen das Material auch zusagt. Nach der Übersetzung geht ein Muttersprachler über den Text. Gerade weil bei uns nur wenige Profis mitarbeiten: Wir wollen sicherstellen, dass die Übersetzungen möglichst fehlerfrei sind. Nach dem Korrekturlauf wird der Text in das Videountertitelprogramm übernommen.

Das hört sich nach einem gut organisierten Prozess an.
Ja, das ist notwendig. Einmal veröffentlicht kann ein Video nicht mehr korrigiert werden. Andere teilen es auf Twitter, Facebook oder anderen Webseiten. Es dann wieder herunterzunehmen, führt dazu, dass Links ins Leere laufen. Das wollen wir vermeiden.

Sucht Ihr noch Unterstützer?

Immer! Ein Mail an `wvisser@ae911truth.org` wäre ein erster Schritt. Gerade in der Freiwilligenarbeit ist es so, dass Menschen kommen und gehen. Man kann die Arbeit nicht klassisch honorieren. Aber meine Erfahrung ist, dass viele dankbar sind, sich engagieren zu können. Wir bieten eine Struktur, in die sich Menschen mit Sprachkompetenz einbringen können.

Und, bist du mit den Ergebnissen zufrieden?

Ja und nein. Unsere zentrale Aufgabe ist, das verfügbare Material in möglichst vielen Sprachen in hoher Qualität dem Publikum weltweit zur Verfügung zu stellen. Wir laden es in den YouTube Channel `ae911truth`. Von dort kann es beliebig kopiert werden. Für einige Sprachen haben wir alle wichtigen Videos übersetzt – Deutsch, Französisch, Spanisch, Arabisch, Portugiesisch und Polnisch. Auch auf Holländisch sind wir fast komplett. Italienisch hängt nach und in vielen anderen Sprachen gibt es nur wenige Videos. Inzwischen wurden für 31 Sprachen zwischen 1 und 55 untertitelte Videos erstellt. Insgesamt sind es knapp 700 Sprachversionen mit 136 Stunden reiner Videozeit. Darauf entfallen 1,9 Millionen Views. Allerdings zählen wir nur die Views in unserem Channel, die Nutzer der zahlreichen Kopien werden dabei nicht berücksichtigt.

Das Ziel von AE war es ursprünglich, 1 000 Unterschriften von Architekten und Ingenieuren zu erreichen. Das gelang in Januar 2010. Mit dieser Liste wandten sich die Gründer der Plattform an den Kongress. Unsere Forderung – eine neue Untersuchung – wurde aber bis jetzt noch nicht erfüllt. Vor drei Jahren hatten wir gut 2 000 Unterschriften, aktuell sind es 2 690.

Zahlenmäßig klingt das alles nicht nach „viel" – lohnt sich das Engagement?

Manchmal ist es echt frustrierend, wenn man sieht, wie viele Klicks manches Katzenvideo erhält und unsere Übersetzungen zwischen einigen Hundert und ein paar Tausend Views vor sich hindümpeln. Ich investiere aber gerne die 5–15 Stunden pro Woche, weil ich für mich die

Verantwortung zu handeln spüre. Es würde meinen Selbstrespekt total untergraben, wenn ich nicht aktiv dranbliebe. Leider wollen viele Menschen sich mit dem Thema nicht abgeben oder haben nicht die Zeit.

Glaubst du, dass du den neuen Commission Report noch erleben wirst?
Nicht dass ich mich drauf freue, aber ich kann mir vorstellen, dass es innerhalb der nächsten Jahre buchstäblich umwerfende Entwicklungen in den Vereinigten Staaten geben wird. Daraus könnte sich etwas Neues entwickeln. Das Interesse, das alles unter der Decke zu halten, ist jedoch sehr groß. Aber wir werden weiter Menschen aktivieren, sich für eine neue offizielle und ernsthafte Untersuchung mit ausreichenden Budgetmitteln einzusetzen.

Birgit Vogel

Geboren 1968, im Fränkischen aufgewachsen und immer noch dort wohnhaft. Technische Zeichnerin, die sich für Tauchen, Filmen, Russland kennenlernen, Völkerverständigung, gesunde Ernährung und ein langes Leben interessiert.

Stichwort „langes Leben" – was heißt das?

Ich stelle mir die Frage, warum manche Menschen so alt werden und dabei noch gesund sind. Bei uns gilt es schon fast als normal, dass 80-jährige dement sind. In anderen Ländern gibt es zahlreiche über Hundertjährige, und die sind geistig fit. Ernährung spielt dabei eine Rolle, aber auch, nach dem Herzen und den eigenen Überzeugungen zu leben. Seit ich mich mit der Friedensszene beschäftige, versuche ich komplett meinem Herzen zu folgen.

Seit wann bist du denn in der Friedensszene?

Ich war nie ein politischer Mensch sondern habe mich bis dahin hauptsächlich mit Umweltthemen und Tierschutz befasst. Durch die Silvesterereignisse in Köln 2015 wurde mir bewusst, dass mit den Medien etwas nicht stimmt. Dann bin ich ins Netz gegangen und bin auf die Lieder der Bandbreite gestoßen, die ich sehr mutig fand. Das Nächste war dann das Bilderberger-Treffen in Dresden, zu dem ich mit einem Bekannten hinfuhr. Ich hatte das unbedingte Gefühl, mir das anschauen zu müssen.

Und was hast du gesehen?

Ich war richtig geschockt. Alles war von der Polizei abgeschirmt. Mit Friedensfahnen durfte man dort vorm Hotel nicht zu zweit vorbeigehen.

Die Polizei war sehr freundlich, aber faktisch waren Gesetze außer Kraft gesetzt. Die Reichen waren vor Ort und wurden vor uns – alles friedliche Menschen – „beschützt". Mir wurde immer deutlicher, dass ich was tun muss. Als ich dann die Informationen zur Friedensfahrt sah, war mir klar, da muss ich mit.

Du sprichst von der Druschba Berlin – Moskau 2016?
Ja, ich habe mich sofort angemeldet – aber dann auch wieder abgemeldet, da es leider keine finanzielle Unterstützung gab und meine finanzielle Situation „eng" war. Aber ich hatte das unbedingte Gefühl mitfahren zu müssen. Fragen wie z. B. nach einer Krankenversicherung wurden durch „zufällige" Werbungen bei mir im Postkasten von allein beantwortet. Es gab zahlreiche Signale, also habe ich meine eiserne Reserve angegriffen und mir die Busfahrt finanziert. Die Reaktionen in meinem Umfeld haben mir gezeigt, wie wichtig solche Fahrten sind.

Wieso?
Nur ein Beispiel: Meine Apothekerin fragte mich, ob ich keine Angst habe nach Russland zu fahren. Und was ich tun würde, wenn ich Putin über den Weg laufe. Als ob der böse Russe Putin auf der Straße rumläuft und wartet bis Biggy kommt.

Haben sich deine Erwartungen erfüllt?
Ja und nein. Es war ein toller Einstieg. Nur ließ das straffe Programm zu wenige Begegnungen mit Menschen auf der Straße zu. Die, die man traf, waren enorm gastfreundlich und herzlich – und das trotz der sehr hässlichen Vergangenheit beider Länder. Ein Veteran namens Aziz, den ich traf, zeigte mir Bilder aus seiner Zeit in Deutschland – und diese Begegnung hatte Folgen.

Welche denn?
Ich wollte auf jeden Fall nochmal nach Russland, war neugierig geworden, Kultur und Menschen kennenzulernen. Über Facebook habe ich Kontakt zu Aziz aufgenommen. Ich schrieb ihn an und als ich in Mos-

kau ankam, hatte man einen kompletten Wochenplan für mich vorbereitet. Wer bin ich schon, eine einzelne Unbekannte – aber völlig Fremde haben sich in der Weihnachtszeit richtig viel Zeit für mich genommen. So habe ich dann auch Artjom (Артём Аксененко) aus Moskau kennengelernt – der der russische Haupt-Organisator der Druschba 2016 und wichtiger Verbindungsmann der Druschba 2017 war. Im April 2017 bin ich dann wieder nach Moskau geflogen. Da habe ich privat übernachtet, mit meinen dortigen Bekannten die russische Sauna besucht, war schwimmen – das war alles ganz spontan und herzlich. Das nächste Mal ist für Weihnachten / Silvester 2017 geplant. Ich rufe Interessierte auf, sich mir anzuschließen um einfach vor Ort Menschen kennenzulernen und sich ein eigenes Bild zu machen.

Aber du beschäftigst dich nicht nur mit Russland?
Nein. Ich war z. B. beim Friedensfest am See in Norddeutschland – Details dazu findet man in meinem Blog – Biggys-World. Mir ist klar, dass ich in Deutschland aktiv sein muss. Daher habe ich den Friedensweg von Erich Hambach und das Tönen, das an möglichst vielen Stellen der Welt stattfinden soll, auch organisatorisch unterstützt. Ich habe es sogar geschafft, mit diesen Themen in die Medien zu kommen. Die Zeitungen berichten über mich. Ich mache einfach Dinge, schreibe die Zeitungen an, und die schreiben dann auch darüber. Regionale Medien sind viel kooperativer als man denkt.

Für mich ist es wichtig, mein Geld in etwas Sinnvolles zu investieren. Wenn ein Krieg ausbricht, nützt mir Geld überhaupt nichts. Man muss jetzt etwas tun. Und ich tue!

Und womit beschäftigst du dich aktuell?
Beim Friedensfest am See entstand die Idee zu „Gesichter des Friedens" – einfach normale Leute aus der Friedensszene vorzustellen, ähnlich wie diese Serie in Free21, aber eben auf Video. Das habe ich aufgegriffen und setze es jetzt um. Ich fahre durch Österreich und Deutschland und treffe Friedensaktivisten. Ganz unterschiedliche Menschen – das ist spannend, aber auch schwierig.

Aber was soll's. Wenn ich merke, dass ich ehrlich auf meinem Weg bleibe, dann tun sich Türen auf, Gelegenheiten ergeben sich und alles klappt, wie es soll.

Was ist denn daran schwierig?
Die Planung und Vorbereitung waren nicht einfach. Sehr zeitaufwändig, und ich habe so einiges in Ausrüstung investiert, mein Konto war mal wieder komplett überzogen. Trotzdem habe ich – unvernünftigerweise – eine weitere Bestellung aufgegeben. Genau an diesem Tag kam dann eine Spende, die diese Bestellung finanziert hat. Da weiß man einfach, es ist richtig, was man tut. Und das ist das Wichtigste.

Wo findet man die Gesichter des Friedens denn?
Ich poste regelmäßig unter `biggys-world.blogspot.com` und auf Facebook unter `facebook.com/GesichterdesFriedens`.

Vielen Dank für das Gespräch – und weiterhin eine gute Reise!

Silke Volgmann

Geboren 1965 in Bergisch Gladbach, wohnhaft in Köln, Druckvorlagen-Herstellerin, selbstständige Werbetechnikerin und Musikverlegerin, verheiratet, zwei Kinder. Hobbys: Hund, Lesen, Reisen mit dem Steyr-Truck und natürlich Frieden.

Du hast noch ein Leben neben Friedensaktivismus?
Auf jeden Fall! Aber das Thema spielt für mich und meine Familie eine große Rolle.

Warum?
Weil es wichtig ist. Weil man etwas tun kann und muss. Ich habe viele Bücher gelesen, mich umfassend informiert. Eine Zeitlang war ich traurig, dachte, es hat ja keinen Zweck etwas zu tun. Aber das sehe ich nicht mehr so. Ich möchte meinen Teil zur Veränderung beitragen, Impulse geben, damit Menschen anfangen nachzudenken. In meinem Umfeld ist mir das schon bei einigen gelungen.

Seit wann bist du aktiv?
Es begann mit dem 11.09. – im Kopf. Selbst ins Handeln gekommen bin ich mit den Mahnwachen 2014. Erst zögerlich, aber inzwischen sehr aktiv.

Was heißt sehr aktiv, was tust du?
Ich bin bei Veranstaltungen, Demos und Vorträgen in Köln, NRW und ganz Deutschland gerne dabei, sofern es die Zeit zulässt, und habe an vielen Mahnwachen in NRW teilgenommen. Wann immer möglich, unterstütze ich Wojna von der Bandbreite, er leistet eine erstaunliche Arbeit und gibt nie auf. Anfang 2016 erfuhr ich von der Friedensfahrt Ber-

lin – Moskau, von der nicht nur ich Feuer und Flamme war. Mein Mann war schon zweimal in Russland, ich einmal, und auch unsere Tochter wollte mit. An der Druschba 2016 nahmen 235 Menschen teil, was zu tollen Kontakten geführt hat – deutschlandweit und über die Grenzen hinaus. Das entwickelt seitdem eine Dynamik, die Freude macht.

Im Umfeld der Druschba tut sich viel?
Oh ja. Anfang 2017 habe ich das Nachtreffen der Fahrer 2016 organisiert, mein Mann ist 2017 wieder mitgefahren. Indirekt entstand der Kontakt zur Friedensbrücke-Kriegsopferhilfe, die wir seitdem unterstützen. Bei der Druschba 2017 hat mein Mann Hilfsgüter mitgenommen, die in Rostov am Don übergeben und von dem im Donbass ansässigen Team verteilt wurden. Ein bisschen enttäuschend war, wie wenige Firmen bereit waren zu spenden. Zwei Firmen haben sich gefunden und einige Kisten Süßigkeiten gestiftet. Zwei Wochen vor Abfahrt habe ich die Mitfahrer gebeten, Geschenke beim LKW abzugeben. Es war beeindruckend, wie viele in Berlin bei der Abfahrt auf uns zukamen und kleine Päckchen abgaben.

Wir haben die Free21 abonniert und verteilen sie unterwegs. Finden Free21-Veranstaltungen in der Gegend statt, sind wir dabei, und auch das Fahrzeug von Lukas Puchalski haben wir beschriftet. Jetzt habe ich in meinem Musikverlag eine CD mit Tommy Hansen herausgebracht.

Was für eine CD?
Tommy hat in den 90ern Musik gemacht. Als Musikverlegerin hat mich das interessiert. Er hat mir die Stücke geschickt, und da sie mir sehr gut gefallen haben, habe ich beschlossen, sie ins Download-Geschäft zu nehmen. Eine kleine Auflage mit 100 Stück – handschriftlich signiert von Tommy – gibt es auch.

Und sonst?
Das Tolle ist, dass ich meine beruflichen Erfahrungen und unsere Firma nutzen kann, um bei den verschiedenen Aktionen mit Material zum Selbstkostenpreis zu unterstützen. So haben wir das Auto von Bilbo

Calvez für die Bärensuppen-Tour beschriftet, deren Crew dann während der Tour auch gleich bei uns übernachtet hat.

Bei Pax Terra 2017 waren wir dabei, 2018 steht die Veranstaltung auch schon fix auf dem Plan. Diesmal bin ich mit im Orga-Team und kümmere mich um Drucksachen. Bei Ramstein waren wir zweimal dabei: bei der Menschenkette und im Friedenscamp.

Mein Mann fuhr im Herbst 2017 für eine Grazer Organisation einen Hilfskonvoi nach Albanien in die Bergdörfer.

Beim friedlichen Protestkonvoi sind wir bereits mehrfach mitgefahren und mit meinem Friedensfahrzeug bin ich eine Einfrau-Friedensdemo.

Was heißt denn Friedensfahrzeug?

Im Februar 2017 beim zweiten friedlichen Protestkonvoi kam mein Mann auf die Idee, aus unserem Auto ein stilisiertes Polizeiauto zu machen und „Friedensfahrzeug" draufzukleben. Ich wollte das nur ein Wochenende lang; er meinte, das bleibt dauerhaft.

Am Anfang war es sehr anstrengend, mit so einem Auto zu fahren. Jeder schaut, jeder bremst ab. Man sorgt für die Einhaltung der Geschwindigkeit! Probleme habe ich aber keine. Ich werde von Polizisten weder belästigt noch belächelt, sondern fast immer freundlich und verständnisvoll angelächelt. Es gibt insgesamt sehr viele positive Reaktionen: Unterwegs einfach ein „Daumen hoch", und wenn das Fahrzeug steht, werde ich regelmäßig von wildfremden Leuten angesprochen. Inzwischen teile ich die Haltung meines Mannes, da immer spannende Gespräche zustandekommen und ich den Menschen dann schnell eine Free21 in die Hand drücken kann.

Auch Fahrzeuge von anderen Aktivisten haben wir umgestaltet. Da ich die Wirkung inzwischen schätzen gelernt habe, wurde die Webseite friedensfahrzeuge.de unter dem Motto „Geben wir dem Frieden ein Gesicht" ins Netz gestellt. Wie sagte Ken Jebsen so schön: „Frieden muss sexy werden", Freunde und Helfer fahren Friedensfahrzeuge. Es dürfen ruhig mehr werden. Denn die Fahrzeuge zeigen Wirkung – mehr Aufmerksamkeit kann der Frieden gar nicht bekommen.

Und die Reaktion auf die Webseite?

Die Seite ist seit Dezember 2017 online, jede Woche bekommen wir 1 – 2 Anfragen. Für das Frühjahr 2018 sind drei weitere bestellt. Es gibt zwei Anfragen aus Österreich, eine weitere aus Serbien – da müssen wir erst den rechtlichen Rahmen klären. Man muss sich aber bewusst sein: Es verändert, mit so einem Fahrzeug durch die Gegend zu fahren. Ein Aktivist hat die Aufkleber wieder entfernt, da er das Gefühl hatte, andere zu verunsichern – eine Reaktion, die er nicht wollte. Man soll es sich eben – wie alles im Leben – gut überlegen. Darum planen wir jetzt auch schon unsere Aktion für 2019.

Was habt ihr denn vor?

In Diskussion mit anderen Druschba-Fahrern ist eine Fahrt mit 2 – 3 Allrad-LKWs quer durch Russland nach Nordkorea. Damit eine größere Gruppe in Nordkorea ankommt – denkbar wären 20 – 30 Personen – könnten Teilnehmer auch nach Wladiwostok fliegen und sich uns dort anschließen. Erste Kontakte zu einem erfahrenen Nordkorea-Reisespezialisten haben wir schon aufgenommen. Klappt Nordkorea nicht, wird es Iran oder Syrien – wir wollen den Menschen in diesen Ländern einfach signalisieren, dass es auch im Westen Menschen gibt, die mit der Regierungspolitik nicht einverstanden sind.

Man hat den Eindruck, dein Leben Ist Friedensaktivismus – weiter so!

Thomas Weiss

1974, geboren & wohnhaft in Wien, kaufmännischer Angestellter, verheiratet, eine Tochter. Hobbys: Geschichte, Philosophie, Kunstgeschichte, Literatur, Zeichnen, Kreativität, Musik, Botanik und Selbstversorgung sowie Veganismus.

Ist Veganismus für dich Friedensarbeit?
Ja! Tierrechte, Menschenrechte und Frieden sind für mich gleichwertig. Für diese Themen engagiere ich mich je nach Möglichkeit. Sie gehören als Trinität der wichtigen Dinge untrennbar zusammen.

Inwiefern hängt das zusammen?
Ein Beispiel: Der Großteil des weltweiten Anbaus von Soja geht als Tierfutter in die Massentierhaltung. Das bedeutet die Rodung von Regenwäldern, die Verseuchung von Böden mit Pestiziden und anderen giftigen Stoffen, die Überdüngung und daraus resultierende Umweltschäden. Das wirkt sich letzten Endes schädlich auf den Menschen aus. Gäbe es keine Massentierhaltung und würde man seltener, aber dann hochwertiges Fleisch aus tiergerechter Bio-Haltung konsumieren, wäre ein wichtiger Schritt getan, wenngleich meine Philosophie wesentlich weiter geht und Tiernutzung generell ablehnt.

Was heißt für dich Bio-Haltung?
Es gibt viele Gütesiegel, das kann man also nachlesen. Für mich heißt Bio-Haltung, dass das Futter soweit möglich aus der Region kommt, keine synthetischen Stoffe – sondern eben Bio-Futter – eingesetzt werden und regelmäßig die Einhaltung der Tierschutzgesetze kontrolliert wird. In der Realität sieht das jedoch leider manchmal anders aus.

Du bist Veganer, aber verurteilst die „Omnis" – die Allesesser – nicht?

Das bringt doch nichts. Auf Menschen loszugehen führt nicht zu Veränderung. Menschen können immer dazulernen. Ich war in der Vergangenheit auch anders drauf. Mensch zu sein bedeutet meiner Meinung nach viel mehr als nur eine Haltung zu einem gewissen Thema. Deshalb sollte man Menschen generell in ihrer Würde respektieren, unabhängig von unterschiedlichen Auffassungen zu diesem oder jenem Thema.

Wie engagierst du dich?

Das ist unterschiedlich. Meist sind es Aktionen, die ich im Rahmen von Total Liberation Now, Veganes Zeitalter oder VGT im Osten Österreichs durchführe. So stehen wir z.B. mit Karten vor den Filialen der Fast-Food-Ketten und machen die Menschen auf die Auswirkungen und das Leid von Tieren und Menschen aufmerksam, die sich aus dem Fleischkonsum – hauptsächlich in der Dritten Welt, aber auch bei uns – ergeben. Ab 2013 haben wir Mahnwachen für Tierrechte abgehalten, dann gibt es Mahnwachen vor Bekleidungs- und Modehäusern. Die Aufklärung der Konsumenten ist das Wichtigste – nur durch aufgeklärte Verbraucher kann Veränderung herbeigeführt werden. Was der Konsument nachfragt, wird produziert. Und Fortschritte erkennt man ja daran, wie sehr der Anteil an veganen Produkten in den Supermärkten angestiegen ist.

Bist du auch jenseits von Veganismus aktiv?

Ich interessiere mich für Subsistenzwirtschaft in Form biologischer landwirtschaftlicher Kooperativen. Ich war 2016 Mitglied im Verein „Wilde Rauke" in Wien, wo rund 25 Mitglieder biologische Landwirtschaft im Eigenanbau betreiben. Der Ertrag wird auf alle aufgeteilt – eigentlich ein großer Selbstversorgungsgarten für alle. Während ich im ersten Jahr aktiv mitarbeiten konnte, unterstütze ich den Verein aus Zeitgründen jetzt nur noch passiv und versorge mich aus dem Bio-Reformladen in meiner Nachbarschaft bzw. mit Bio-Produkten aus dem Supermarkt.

Im Bereich Tierschutz bin ich auch konkret aktiv. Neben Patenschaften für Gnadenhöfe und Spenden für Tierschutz haben wir versucht, die Umwidmung eines Feldes zu verhindern. Dort lebt bzw. lebte eine Ziesel-Population, die leider jetzt ihren Lebensraum verliert. Wir haben jahrelang gekämpft, selbst Politiker waren aktiv am Feld vor Ort, um das Ganze aufzuhalten – aber ... keine Chance. Auf höherer Ebene wurde es genehmigt und jetzt wird alles betoniert. Manchmal ist es schon frustrierend. Die Menge all dieser täglichen negativen Nachrichten, diese zunehmend üble Entwicklung zehrt auch an einem. Da machen Aktionen wie die Druschba 2016 richtig Spaß!

Du meinst die Friedensfahrt Berlin – Moskau – warum bist du mitgefahren?

Es war für mich eine längst überfällige Notwendigkeit zum Völkerverständnis. In unseren Medien wird ein falsches Bild von Russland gezeichnet, ständig wird Russland als Aggressor dargestellt. Bei aller Kritikwürdigkeit: Russland ist meiner Meinung nach Opfer einer westlich-neoliberalen Politik-Agenda. Ich habe die Gelegenheit genutzt, Menschen kennenzulernen und mir vor Ort ein eigenes Bild von Situationen und Zuständen zu machen. Das in den Medien präsentierte Bild wollte ich durch Teilnahme an dieser Fahrt überprüfen. Die Fahrt bot mir den Rahmen, der mir andere Betrachtungsweisen, andere Perspektiven ermöglichte. Es ist einfach etwas anderes über ein Land zu lesen als es zu bereisen. Obwohl es natürlich auch wichtig ist, andere Menschen zu informieren. Das tue ich ja selbst im Web.

Du bist auch im Internet aktiv?

Ja, ich habe schon viele Beiträge auf Facebook veröffentlicht, habe ca. 1 900 Freunde und versuche die Menschen mit meinen Themen zu erreichen, Diskussion anzuregen und in den verschiedenen Gruppen zu führen, eben Impulse zu geben. Ich schreibe eben sehr gerne, würde es gern hauptberuflich machen.

Welche Themen treiben dich hauptsächlich um?

Meine Schwerpunkte sind: Veganimus, Politik & Wirtschaft – dabei insbesondere Systemfragen wie Neoliberalismus, Imperialismus, Marktradikalismus und Neo-Kolonialismus. Das, was man im Alltag erlebt, muss man im Kontext dieser Themen sehen, sonst verläuft man sich in Symptomatik und streitet über Kleinigkeiten. Man hat ja den Eindruck, alles wird Richtung Streit und Spaltung gelenkt, damit sich die Menschen nicht mit den wirklich wichtigen Themen beschäftigen. Und es funktioniert leider erschreckend gut. Was im Umfeld der veganen Bewegung passierte, ist ein trauriges Beispiel dafür.

Was war denn da los?
Als mir die Missstände im Bezug auf Tierrechte bewusst wurden, veröffentliche ich viel auf veganen Seiten im Netz. Dadurch wurden Hetzer auf mich aufmerksam und haben mich an den Meinungspranger gestellt. Es gab konkrete Angriffe auf Webseiten und seitens einer pseudolinken Zeitung. Durch diese Diffamierung bin ich eigentlich erst in die Politik gekommen, denn vegan bin ich seit mehr als sieben Jahren. Die Aggression war schon ganz schön heftig.

Kann es an dir liegen?
Nein, das glaube ich nicht. Ich versuche – bei aller Ehrlichkeit, die mir enorm wichtig ist – immer sehr harmonisch und diplomatisch zu bleiben. Davon kann sich jeder in den Hangouts, die ich zusammen mit Wätzold Plaum in „Meine Wikiwelt" gemacht habe, selbst überzeugen. Meine Grundhaltung ist Frieden, auch bzw. gerade im Umgang mit anderen Menschen.

Dann bleib bitte weiter friedlich!

Zusammenhalt gegen Bauernsterben & für Umweltschutz

Solidarität ist Trumpf

Seit Jahrzehnten sorgen sinkende Preise in der Landwirtschaft für das Sterben kleinerer Bauernhöfe in Österreich und Deutschland. Obwohl viele Höfe bereits nur noch im Nebenerwerb betrieben werden, lohnt sich die Arbeit immer weniger. Gerade für kleine Betriebe rentiert es sich kaum mehr – weder bei Milch, Getreide noch in der Holzwirtschaft. Einzelne Betriebe mit wenigen Hektar Grund geben auf. Agieren Betriebe jedoch gemeinsam und solidarisch, kann das Überleben gesichert werden. Ein Beispiel dafür ist die Nahwärme Genossenschaft Haibach ob der Donau im Bezirk Eferding in Oberösterreich, die 2017 auf ihr zehnjähriges Bestehen zurückblicken kann.

Die Nutzung des nachwachsenden Rohstoffs Holz zum Beheizen der öffentlichen Gebäude und zahlreicher Firmen und Privathäuser hat in diesem Zeitraum nicht nur für massive CO_2-Einsparungen gesorgt, die Genossenschaft bietet ihren Mitgliedern und den anderen Holzbauern in der Gemeinde ein zusätzliches, wirtschaftliches Standbein und trägt damit zum langfristigen Überleben der regionalen ländlichen Strukturen bei.

Die Idee

Gleichgültig ob Schleifholz – für das Papier – oder Blochholz für Bretter: Der Holzpreis verfällt schon seit Jahren, sodass Holz als nachwachsendes Heizmaterial zunehmende Bedeutung gewann. Was liegt näher als das Holz aus der Region in der eigenen Region auch zum Verheizen zu verwenden? Die Idee zur Nahwärme Haibach kam daher schon vor 30 Jahren das erste Mal auf, war aber aufgrund der damals unzureichenden Hackgutmaschinen nicht umsetzbar – und wurde zunächst wieder ad acta gelegt.

Im Februar 2005 trat das Kyoto-Protokoll in Kraft, das erstmals völkerrechtlich verbindliche Zielwerte für den Ausstoß von Treibhausgasen in den Industrieländern festlegte. Das eröffnete den Bauern mit Holzwirtschaft auch deshalb neue Möglichkeiten, da es seitens der Regierungen Handlungsbedarf – und damit Chancen auf wirtschaftliche Förderung – gab.

Nachdem man sich eine Pionieranlage in einem Nachbarbezirk angeschaut hatte, war man in Haibach überzeugt, mit dem Aufbau eines eigenen regionalen Heizwerks einen wichtigen Schritt für die Gemeinde zu gehen. Speziell der damalige Ortsbauernobmann und jetzige Obmann der Nahwärme-Genossenschaft Egon Hinterberger war Feuer und Flamme und begann das Projekt mit großem Engagement – neben seiner Tätigkeit als Krankenpfleger und Nebenerwerbslandwirt – voranzutreiben.

Die Vorbereitung

„Wir haben 2005 erst einmal erhoben, welche Umsetzungsvariante am rentabelsten ist. Wollen wir nur in einem engen Rahmen liefern oder soll der Bereich von der Schule bis zum Gemeindeamt abgedeckt werden?", erinnert sich Egon Hinterberger. „Natürlich mussten auch potenzielle Kunden – neben der Gemeinde – gewonnen werden. Und dann ging es darum, Bauern zu finden, die in die Genossenschaft finanziell einsteigen und die Erstellung der Anlage mittragen. Schließlich handelte es sich um eine Investion von inzwischen rund 1,3 Millionen Euro – das damit verbundene finanzielle Risiko darf man nicht unterschätzen."

Eine Umfrage ergab, dass sich rund 23 Kundschaften – nahezu alle Betriebe entlang der zunächst geplanten Leitung sowie verschiedene Privathäuser – dem Projekt anschließen wollten. Ob die Bank, ein Anlagenbau-Unternehmen, der Supermarkt, das Lagerhaus oder die Autowerkstatt – besonders für Betriebe ist eine völlig wartungsfreie Heizung von besonderem Interesse.

Von den ursprünglich 30 interessierten Landwirten stiegen 13 in die Genossenschaft als Mitglieder ein, die im Mai 2007 dann gegründet wurde.

Auch der Standort wurde wie gewünscht durchgesetzt, sodass die Förderanträge beim Land gestellt werden konnten. Nach einigen Startschwierigkeiten, was den Fördergeber betraf, wurde dann eine Förderung in Höhe von 30 % der Gesamtsumme bewilligt und man konnte in die Detailplanung übergehen. Im Herbst gab es die Ausschreibungen, die Vergabe für das terminlich ambitionierte Bauprojekt erfolgte im Spätherbst.

Die Umsetzung

Baubeginn war April 2008 – und man freute sich, dass der Wettergott mitspielte. Da man bei der Vergabe Wert auf regionale Firmen gelegt hatte, die sehr viele Mitarbeiter aus Haibach einsetzten, waren alle mit vollem Herzen dabei. Keiner wollte schließlich für ein Scheitern verantwortlich sein und der Probebetrieb wurde wie geplant am 20.08.2008 gestartet.

Seit 01.09.2009 läuft der volle Heizbetrieb zur Zufriedenheit aller Kunden, die Jahr für Jahr mehr werden. Das Leitungsnetz wird seitdem kontinuierlich ausgebaut. Bereits 2010 kamen der UFC Haibach und zahlreiche Privathäuser hinzu, inzwischen sind auch die Caritas, Bäckerei & Café, das Gasthaus sowie die neu errichtete Wohnanlage mit dabei.

Die Technik

Aber nicht nur neue Kunden sorgen für weiteren Investitionsbedarf seitens der Genossenschaft. Auch die Technik wurde bereits 2012 erstmals ausgebaut.

„2008 sind wir schon mit einem Kesselhaus mit zwei Biomasse-Heizkesseln von 750 bzw. 220 kW an den Start gegangen, um den Heizbedarf optimal zu decken", erläutert Egon Hinterberger. „Eines unserer Ziele war es von Anfang an, die Emissionen der Kessel so gering wie möglich zu halten. Das ist dann der Fall, wenn die Kessel maximal ausgelastet sind. Da der Wärmebedarf doch recht unterschiedlich anfällt, muss man eine entsprechende Steuerung vorsehen. Morgens vor Arbeitsbeginn ist eine hohe Leistungsabgabe notwendig, die sich im Laufe des Tages absenkt und erst gegen Abend erneut ansteigt."

Um hier regulierend einzugreifen, wurde ein Pufferspeicher mit 20 000 Litern Speichervermögen in Betrieb genommen. Dieser steuert nicht nur den sinkenden Wärmebedarf bei Nachtabsenkung, er sorgt auch für eine Reduzierung der Teillastzeiten während des Tages. Das Heizwerk liefert ganzjährig, neben der Heizwärme deckt es auch den Warmwasserbedarf der angeschlossenen Gebäude ab. Im Sommer ist dafür nur der kleine Kessel im Einsatz, was die Kesselauslastung optimiert.

Die Unterstützer

Die Idee der Nahwärme Haibach stieß auch in der Gemeinde auf äußerst fruchtbaren Boden. Das wird durch den einstimmigen Beschluss im Gemeinderat unter der Führung des damaligen Bürgermeisters Hofrat Mag. Josef Ecker deutlich, als es um den Anschluss der verschiedenen Gebäude der Gemeinde ging.

Der damalige Vize- und heutige Bürgermeister Franz Straßl erinnert sich: „Uns ging es neben der Ökologie auch um das Zusatzeinkommen für die Bauern, die aufgrund der Lage der Gemeinde keine einfache Situation haben. Der Wald ist in unserem Dorf ein wichtiger Wirtschaftsfaktor, das Heizwerk bei uns direkt im Dorf daher natürlich ideal. Keine langen Lieferwege, eine Genossenschaft, die den Beteiligten gehört und selbst organisiert wird und natürlich der massiv gesunkene Ölverbrauch. Das Heizwerk bietet uns in der Gemeinde nur Vorteile."

Zusätzlich zur Förderung für den Anlagenbau wurde auch die Gemeinde durch das Land unterstützt, indem die Anschlusskosten für die Gemeindebetriebe übernommen wurden. Als Abganggemeinde wäre man in Haibach nicht in der Lage gewesen, diese Kosten zu tragen. Jetzt ist die Schule mit Schwimmbad einer der Hauptabnehmer der Genossenschaft und trägt damit massiv zu der CO_2-Einsparung bei.

Die Hindernisse

In der Rückschau sind die Gründung der Genossenschaft, der Bau und Ausbau von Anlage und Leitungsnetz sowie der laufende Betrieb, von dem unzählige Bauern aus Haibach und Umgebung profitieren, ein Vorzeigebeispiel dafür, was man durch Zusammenarbeit in einem solidarischen Team erreichen kann. Das Projekt hatte aber auch Schattenseiten, die nicht verschwiegen werden sollten.

Wie bei Handy-Masten, die jeder nutzen, aber keiner neben dem eigenen Haus stehen haben möchte, war die Standortwahl mit nicht geringen Schwierigkeiten verbunden. Eine Bürgerinitiative ging anfangs auch juristisch gegen das Heizwerk vor – man befürchtete Lärm- und Emissionsbelastungen. Diese war aber nur insoweit erfolgreich, dass ein zusätzlicher Schalldämpfer eingebaut werden musste. Zehn Jahre später ist deutlich zu sehen, dass die damaligen Befürchtungen nicht zur Realität geworden sind.

Anfängliche Bedenken, dass keine ausreichenden Holzmengen zusammenkämen, haben sich ebenfalls als nichtig erwiesen. Der Waldbestand der Gemeinde nimmt, trotz Lieferung an die Nahwärme, weiter zu.

Die Struktur der Gemeinde mit dem vergleichsweise kleinen Ortskern und zahllosen Ortschaften und Einzelhöfen, die über rund 50 km Güterwege erreichbar sind, begrenzt die Möglichkeiten der Nahwärme-Versorgung erheblich. Viele der Genossenschaftler können selbst nicht anschließen, da das Leitungsnetz nicht nur zu teuer, sondern der Wärmeverlust auf diese Distanzen viel zu hoch wäre. Das wirkt sich nachteilig auf die Rentabilität aus.

Ein Problem ist die Tatsache, dass von den meisten Privatpersonen oft keine Gesamtkostenrechnung aufgestellt wird, sodass die Nahwärme auf den ersten Blick nicht besonders wirtschaftlich erscheint, obwohl sie das sehr wohl ist.

„Man muss viel Überzeugungsarbeit leisten und braucht bei einem derartigen Projekt einen langen Atem und viel Geduld mit Menschen. Und natürlich die Bereitschaft, sich mit Fördergebern und Antragsformularen auseinanderzusetzen – da rennt man schon von Pontius zu Pilatus, bis alle Voraussetzungen endlich erfüllt sind und die Entscheidung getroffen wird. In einem guten Team lassen sich derartige Hindernisse aber bewältigen", fasst Egon Hinterberger seine Erfahrungen zusammen.

Der Betrieb

Im laufenden Betrieb hat die Genossenschaft aber nicht mehr mit Hindernissen zu kämpfen, im Gegenteil. Um die reibungslose Abnahme des Hackguts zu gewährleisten, die situations- und wetterbedingt manchmal sehr kurzfristig ansteht, wurden Elisabeth Mitter und Andreas Hinterberger, die ebenfalls Mitglieder sind, als Heizwart geringfügig angestellt.

Die gelieferte Menge wird gewogen, die Feuchtigkeit gemessen, der Preis berechnet und gleich per Computer die Abrechnung erstellt. Einen Beleg erhält der Landwirt, ein Exemplar kommt in die Mappe. Per E-Mail geht alles auch noch an den Obmann und in die Buchhaltung, damit es schnell überwiesen wird.

„Da ich als Betriebsführerin fast immer am Hof bin, kann ich mich gut darum kümmern. Manchmal kommen die Anrufe zwar sehr kurzfristig, aber wir haben es bis jetzt immer geschafft", erzählt Elisabeth Mitter. „Nebenbei mähe ich dann auch den Rasen und sorge dafür, dass das ganze Gelände gepflegt und ordentlich bleibt."

Nachdem der Jahresabschluss durch die Buchhaltung erfolgt ist, wird die Genossenschaft kontrolliert. In der anschließenden Jahresabschlusssitzung erfahren die Mitglieder, wie das Jahr verlaufen ist, ob ein

Überschuss besteht, und man diskutiert die Planung für die kommende Saison. Da bei konkreten Fragen wie neuen Anbindungen oder technischen Problemen „auf dem kleinen Dienstweg" immer kurzfristig Besprechungen einberufen werden, läuft die organisatorische Abwicklung reibungslos.

Eine Tatsache, die Elisabeth Mitter auch der Zusammensetzung der Genossenschaft zuschreibt: „Es macht mir Spaß, in Solidarität etwas gemeinsam zu schaffen. Die Zusammenarbeit funktioniert gut, jeder bringt sich auf seine Art in die Genossenschaft ein und so wird das Ganze zu einer runden Sache."

Die Wirtschaftlichkeit

Für betriebliche Nutzer des Nahwärmeangebots ist der wirtschaftliche Vorteil leicht ersichtlich, da sie Investitionen in Heizkessel abschreiben können bzw. müssen und sämtliche Betriebskosten wie Wartung oder Reparatur, Strom, Rauchfangkehrung sowie die Kosten für den Lagerraum in einer Unternehmensbilanz sichtbar werden.

Privathaushalte sind sich dieser Kostenfaktoren weniger bewusst, wenn sie erstmals mit den Kosten für den Anschluss an die Nahwärme konfrontiert werden. Bei einer Vollkostenbetrachtung ist die Nahwärme mit gängigen Heizungsangeboten wie Öl, Gas, Strom oder Pellets im

langjährigen Vergleich konkurrenzfähig, ohne dass sich der Besitzer des Gebäudes selbst mit dem Heizsystem – den Tücken der Technik – beschäftigen muss. Heizungskeller und Lagerräume können für andere Zwecke genutzt werden, was – wenn Kinder einmal größer werden – ggf. auch einen Anbau erspart.

Die Genossenschaftler sind mit der Wirtschaftlichkeit zufrieden. Bisher erzielte Gewinne wurden reinvestiert, um die Nachhaltigkeit der Anlage zu gewährleisten. Der wirtschaftliche Nutzen für die Mitglieder liegt in der Abnahme des Abfallholzes, was sich besonders nach dem extrem trockenen Jahr 2015 ausgezahlt hat. Obwohl aufgrund des Befalls mit Borkenkäfer und Kupferstecher enorm viel Schadholz anfiel, wurde das gesamte Material vom Heizwerk übernommen – und das ohne den Preis für die Hackschnitzel zu senken. Es gab zwar einen temporären Lieferstopp aufgrund der großen Mengen – der Schaden für die Landwirte konnte aber in Grenzen gehalten werden.

Das Ergebnis

Die Zusammenarbeit der Haibacher Landwirte hat nicht nur allen Beteiligten ein weiteres, sicheres wirtschaftliches Standbein geschaffen, auch der Nutzen für die Natur überzeugt.

Seit Inbetriebnahme der Nahwärme wird der Wald deutlich besser gepflegt. Viel Holz, das in der Vergangenheit einfach im Wald verfaulte, weil es keine Abnehmer dafür gab, wird jetzt an die Nahwärme geliefert und hat so einen Wert.

Die Vorteile für die Umwelt lassen sich auch in Zahlen ausdrücken. Allein in der Saison 2015/2016 lag die gelieferte Wärmemenge bei 1293 MWh, dafür wurden 2100 Schüttraum-Meter Hackschnitzel verheizt. Das führte zu einer CO_2-Einsparung von 518,44 Tonnen und reduzierte den Heizölbedarf um 166778 Liter.

Wenn man den weltweiten täglichen Öl-Verbrauch von mehreren Supertankern im Auge hat, mögen diese Zahlen auf den ersten Blick vielleicht niedrig erscheinen. Bedenkt man aber, dass diese Einsparungen durch die Zusammenarbeit einiger Landwirte in einer ländlichen Gemeinde mit rund 1300 Einwohnern zustande kamen, kann man hochrechnen, was bei größeren Initiativen denkbar ist. Es müssen sich nur Menschen finden, die gemeinsam bereit sind etwas zu tun und auch Risiken einzugehen.

„Durch Zusammenhalt etwas gegen das Bauernsterben zu tun, hat definitiv auch einen Beitrag für den Umweltschutz nach sich gezogen. Es ist ein regionales Projekt, das sich für alle Beteiligten rentiert", fasst Egon Hinterberger die Arbeit der letzten 12 Jahre zusammen. „Die Welt wird nur durch Taten verändert, nicht durch Worte. Ich hoffe, dass möglichst viele Menschen durch unser Beispiel angeregt werden, ins Handeln zu kommen."

Wir fahren für den Frieden

Friedensfahrt Berlin–Moskau, Druschba 2016

Man kann auf unterschiedlichste Art und Weise etwas für den Frieden tun. Und es sind die unterschiedlichsten Menschen, die aktiv werden bzw. sind. Die Frauen, die im Mittelpunkt des Kapitels stehen, sind sehr unterschiedlich, was Herkunft, beruflichen Hintergrund und politisches Vorleben angeht. Allein die Altersspanne beträgt 50 Jahre. Aber eines verbindet sie alle: Der Gedanke, dass Frieden mit Russland unverzichtbar ist. Dieser Gedanke ist und war ein Grund dafür, dass sie mit PKW, Bus, Wohnmobil (WoMo) und sogar Motorrad im August 2016 an der Friedensfahrt Berlin–Moskau teilgenommen haben. Die weiteren Gründe, warum sie es taten und was für jede Einzelne zu den beeindruckenden Erfahrungen zählte, sind wieder …

… sehr unterschiedlich.

Monika (Österreicherin, 1947, PKW)

Zum Warum – Aktiv für Frieden u. a. mit Russland: Das Bild, das der Westen über Russland prägt, ist vielfach falsch. Hört man sich Reden von Putin an, spürt man, dass er dem Westen die Hand reichen will. Dies wird von den Medien und Politikern ignoriert. Die NATO-Aufrüstung durch Österreich (Neutralität?) seit Jahren und der Beginn der Sanktionen machten mir klar, dass ich ein Zeichen setzen will. Verschiedenste Recherchen brachten mich dazu, die russische Staatsbürgerschaft als zweite neben der österreichischen annehmen zu wollen. Mit der Fahrt ein Zeichen für das Gemeinsame zu setzen war mir ein ganz besonderes Anliegen.

Meine Erfahrungen – Es gab viele Erlebnisse, die mich tief berührt haben. Das fing mit dem wunderschönen Regenbogen beim Grenzübertritt zu Russland an, als ich zum ersten Mal russischen Boden betrat. Die Begeisterung der russischen Familie, die ich beim Fest in Kaliningrad kennenlernte, deren Sohn in Frankfurt studiert, hat mir die Verbundenheit deutlich gemacht. Wir haben doch alle die gleichen Bedürfnisse nach Frieden, Gerechtigkeit, Gemeinsamkeit, nach Respekt und Einfühlung. Dass es kaum Unterschiede gibt wurde mir während meines Krankenhausaufenthalts als Patientin in Smolensk deutlich. Vom Chefarzt, der es sehr bedauerte, weder Englisch noch Deutsch sprechen zu können, kam Zuwendung durch seine fröhliche Art und eine Tasche voll mit Getränken und Essbarem, darunter eine spezielle Schokolade. Die Freude dieses Mannes war zu spüren – das Ganze mit einer Absichtslosigkeit, das wird man bei uns kaum erleben. Dann die Erlebnisse mit einer Krankenschwester, ich ein bisschen Russisch, sie ein bisschen Deutsch, das sie seit der Schulzeit nicht mehr hat üben können. Sie bekam mein Friedensfahrt-T-Shirt und wir wechselten E-Mail-Adressen. Patienten auf der Station, die von Zuhause mitversorgt wurden, haben sich rührend um mich gekümmert. Es gab Tee, frisches Obst, Kekse – es wurde geteilt. Eine Ärztin kam eines Tages und erzählte mir von ihrem Großvater, der im Zweiten Weltkrieg in Österreich war und nach Kriegsende nach Sibirien ins Lager kam. Ja, ich hatte auch Zeit, über Krieg und Frieden nachzudenken. Smolensk 1941 – Kesselschlacht – Verluste auf sowjetischer Seite 486 000 Tote, Vermisste, Gefangene – 274 000 Verwundete – Krieg = Mord – Frieden – Jetzt. Nachdenkenswert.

Hildegard (Österreicherin, 1951, Bus)

Zum Warum – Ich wollte nicht länger im Garten liegen und über Politik und Frieden sprechen, ich wollte etwas tun. Nach der Diskussion auf KenFM, die ich mir mehrfach angeschaut hatte, war das Interesse groß. Den Ausschlag gab das Telefonat mit meinem Bruder, den ich fragte, was er davon hält. Als er lachte, weil er sich – völlig unabhängig von mir – die gleichen Gedanken gemacht hatte, war beschlossen: „Wir fahren." Alle Medien positionieren Russland als Feind, ich wollte einen eigenen ersten Eindruck gewinnen. Meinen Eindruck eben.

Meine Erfahrungen – Die waren sehr vielfältig. Beachtenswert waren – für mich als ausgebildete Supervisorin – bereits im Bus die verschiedenen „Rollen der Selbsterfahrungsgruppe ohne abendliche Reflexion" zu beobachten. Die Fahrt war ja teilweise sehr anstrengend. Ein bunter Haufen Menschen, die sich nicht kannten, rollten dahin. Teilweise gab es außer Kekserl nichts zu essen, ausgelöst durch die Wartezeit an den Grenzen. Das war für viele eine ungewöhnliche Belastung mit entsprechenden Reaktionen. Wo liegen die Grenzen des Einzelnen, wann geht man sich gegenseitig auf die Nerven, was regt mich auf? Getragen wurde das Ganze durch das gemeinsame Thema Friedensfahrt, sonst hätte es zwischen den Mitfahrenden sicher mehr Konflikte gegeben. Die „Friedensfahrt" hat die Gruppe in ihrer Verschiedenheit zusammengehalten. Gelernt habe ich enorm vieles – einiges, was ich heute noch beleuchten will. Ich bin jetzt noch viel vorsichtiger mit Äußerungen über Russland, da ich erfahren konnte, wie wenig ich wirklich weiß. Unser Busfahrer Walter ist eine wahre Fundgrube an Wissen und Information – und kann auch noch spannend erzählen. Er hat uns sehr viel erzählt, geschichtliche Hintergründe, über die Jelzin-Zeit, die Gorbatschow-Ära – und das aus der Sicht eines Russen. Leider fehlte mir die Zeit, mich auf die Menschen einzulassen. Trotzdem kam es zu sehr berührenden Situationen, die mich motivieren, auf jeden Fall nochmals mit mehr Zeit nach Russland zu reisen. In Smolensk konnte ich erfahren, wie sich eine alte Dame über unsere Fahrt freut. Auch das hat mich dazu bewogen, durch mein Handeln, einen „weiteren Tropfen in einen See zu werfen" und am 01.10. von Wien nach Berlin zur Friedensdemo zu fahren.

Larissa (Russlanddeutsche, 1960, PKW)

Zum Warum – Ein Grund – neben der Tatsache, dass ich die Idee super und dringend notwendig fand – war der Wunsch, Menschen kennenzulernen, die in die gleiche Richtung schauen. Allein erreicht man wenig, unter Gleichgesinnten ist vieles möglich. Seit Jahrzehnten schwebt mir eine Idee im Kopf herum, die ich in der Vorbereitung für die Fahrt als Projektvorschlag konkretisiert habe. Mein Projekt steht für Selbstbildung, Selbstorganisation, Selbstaktivierung, Selbstbeteiligung und Selbstverwaltung. Die Menschen müssen selbst agieren, nicht warten, bis Politiker oder andere die Dinge für sie in die Hand nehmen. Darum ging es ja auch bei der Friedensfahrt: etwas selbst tun.

Meine Erfahrungen – Es hat mir gefallen, dass Menschen mit unterschiedlichen Ansichten, aus unterschiedlichen Schichten und unterschiedlichen Alters dabei waren. Trotz der enormen Belastung ging man ziemlich friedlich miteinander um. Beeindruckt hat mich, dass die Deutschen in der Gruppe so offenherzig das Gedenken an die Opfer geleistet haben. Ich erinnerte mich an meine Jugend, als Kranz- und Blumenniederlegung selbstverständlich waren. Es war in der Sowjetunion Tradition. Jede Stadt hat ihr Mahnmal, das man einmal im Jahr besuchte. So wurde das Gedenken irgendwie zur Routine. Bei der Fahrt habe ich empfunden, wie wichtig es sein kann, der Gefallenen und der Opfer der Kriege zu gedenken. Solange Menschen nicht ohne Kriege leben, muss immer wieder an die Konsequenzen erinnert werden. Daher war unsere damalige Routine sehr wichtig. Erst durch meine 26 Jahre, die ich jetzt in Deutschland lebe, wurde mir bewusst, was es heißt, keine Lehre aus der Geschichte zu ziehen. Das führt zu Arroganz gegenüber den Opfern der Kriege. Das darf nicht sein. Mit dem Projekt will ich dazu beitragen,

Kriege zu verhindern. Es geht um die Antwort auf Fragen wie: warum Menschen nicht friedlich leben, warum soviel Energie in Kriege gesteckt wird. Es geht darum, die wirkliche Geschichte kennenzulernen, die Fakten, die realen Ursachen der Kriege damals und heute. Die offizielle Geschichtsschreibung verbirgt vieles noch. Nur wenn man die Fakten, die zu Kriegen führen, kennt, kann man diese vermeiden. Ein Fakt ist offensichtlich: Deutschland steht immer wieder im Zentrum derartiger Kriege. Weitere Infos dazu auf meiner Webseite laraless.jimdo.com.

Michaela (Deutsche, 1960, PKW)
Zum Warum – Ich wollte mir ein eigenes Bild über Land und Leute machen, die Menschen und die Kultur besser kennenlernen. Das Feindbild Putin und „der böse Russe" sind mir aus den Medien bekannt. Überschriften wie „Wer stoppt Putin?" tragen nicht zu einer friedfertigen Stimmung bei. Ich wollte endlich mit Taten und nicht nur mit Worten ein Zeichen für Frieden setzen. Die Drohgebärden der NATO, die Sanktionen gegen Russland – alles das gefällt mir nicht und macht mich wütend. Die Friedensfahrt bot mir die einmalige Gelegenheit, nicht einfach nur Urlaub dort zu machen, sondern selbst aktiv etwas für Völkerverständigung auf der menschlichen Ebene zu tun.

Meine Erfahrungen – Dass ich als großer Fan von Willy Wimmer in Berlin die Möglichkeit hatte, ihn persönlich kennenzulernen, mit ihm ein paar Worte zu wechseln konnte und mich für sein unermüdliches Engagement bedanken konnte, das war ein ganz toller Start vor der strapaziösen Friedensfahrt. In Luga am Partisanendenkmal – ich war von dem, was uns dort erwartete, überwältigt. Die Menschlichkeit, die Begeisterung, wildfremde Russen, die mich mit einer Herzlichkeit umarmten – all das war Gänsehaut-Feeling. Die Begegnung mit Sveta in Moskau, das ist für mich ein weiterer Höhepunkt der Fahrt. Martin – auch ein Friedensfahrer – und ich verteilten Flyer. Eine freundliche Russin antwortete unerwartet auf Deutsch und somit entwickelte sich ein Gespräch. Sie möchte nächstes Jahr unbedingt Neuschwanstein und den

Königssee kennenlernen. Am selben Abend, als wir im Ausgangsbereich der Moskauer Metro auf dem Lageplan den Ausgang zum Hotel suchten, tippte mir jemand auf die Schulter. Es war wieder Sveta, die fragte, ob sie uns helfen könne und zog zwei Tafeln russischer Schokolade aus ihrer Tasche, die sie uns schenkte. Martin ließ sich ihre Telefonnummer auf das Papier der Schokolade schreiben und mir gab sie ihre E-Mail-Adresse. Danach zeigte sie uns den Weg zum Hotel.

Um 23:00 Uhr rief mich Martin an. „Hast du die Nummer von Sveta noch?" Der Hund hatte die Schokolade verspeist – Papier und Telefonnummer inklusive. Per E-Mail kamen wir aber wieder in Kontakt, sodass sie uns am nächsten Abend zu den Nachtwölfen begleitete. Seit diesem Tag schreiben wir uns regelmäßig per WhatsApp oder E-Mail und wenn sie nach München kommt, werde ich ihre Fremdenführerin sein.

Iris (Deutsche, 1961, Bus)
Zum Warum – Ich bin eher unpolitisch, wurde aber mit der Gründung einer veganen Online-Community plötzlich politisch angeprangert. Das funktioniert heute sehr schnell. Unterwirft man sich nicht dem Meinungsdiktat gewisser Personen, wird man öffentlich diffamiert. So etwas sensibilisiert und man beginnt, (politisch) genauer hinzusehen. Fortan gehörten u. a. ausländische TV-Sender, alternative Online-Plattformen und KenFM zu den Medien, über die ich mich informierte, nachdem mir die Darstellungen im Mainstream zu einseitig erschienen. Russland wird offensichtlich immer mehr in die Verteidigungshaltung gedrängt, die NATO ist eindeutig auf dem Vormarsch. Als ich von der Idee der Friedensfahrt hörte, habe ich aus dem Herzen spontan entschieden und sofort zugesagt. Jeder Mensch sollte sich in dieser hochbrisanten Zeit politisch einbringen und handeln. Ich will mir von meinen Enkeln später nicht vorwerfen lassen, nichts getan zu haben.

Meine Erfahrungen – Die Fahrt verlief für mich anders als geplant. Gemeinsam mit einem Freund habe ich mich in St. Petersburg ausgeklinkt. Das hatte pragmatische Gründe. Für uns Veganer gab es unterwegs nichts Sinnvolles zu essen. Später erfuhren wir, dass St. Petersburg die Veganer-Hochburg Russlands ist und direkt gegenüber von unserem Hotel eine Art alternatives, veganes Einkaufszentrum lag. Nach einer hungrigen Woche schlugen wir uns endlich den Bauch voll. Und während wir Einheimischen vorher nur im Schnelldurchlauf begegnet waren, entstand in St. Petersburg das Gefühl „Klasse, jetzt lernen wir endlich Russen kennen". Das war für mich ja das Ziel der Fahrt. In unserer FB-Online-Community haben wir jetzt auch russische Mitglieder, mit denen wir uns z.T. privat austauschen. Wir haben Aufkleber und T-Shirts verteilt, waren im Sinne der Idee unterwegs – aber nur an einem Ort. St. Petersburg ist als eine der reichen Städte sehr schick. Man sieht dort aber auch traurige Szenen – Armut, die mich schockiert hat. Was mich jedoch begeisterte: Wir haben keinen dummen Kommentar gehört, sind ausnahmslos nur freundlichen Menschen begegnet. „Druschba" hat die Herzen geöffnet. Die Begegnung mit den jungen Veganern war unser Highlight. Dass uns „der Diesel" im Bauch gerade hier ausging, war ideal. Die vegane Botschaft des Russen Leo Tolstoi „Solange es Schlachthöfe gibt, wird es Schlachtfelder geben" ist wirklich international – und das Vegane Zeitalter anscheinend auch.

Alexandra (Deutsche, 1961, Motorrad)
Zum Warum – Ich hatte Russland schon lang „auf dem Sender", wollte mir ein eigenes Bild machen und Menschen kennenlernen. Der mediale Kriegszug war für mich nicht glaubhaft. Spätestens seit dem 09.05.2015 ist mir das ein Anliegen. Die Nachtwölfe hatten sich zum Tag des Sieges angekündigt, dann stellte sich Polen quer und die Jungs mussten einen Riesenumweg fahren. In den deutschen Medien gab es nur Negativschlagzeilen bzw. man konnte lesen, dass sie gar nicht da waren. Und ich stand fünf Meter von ihnen entfernt … Als die Fahrt angekündigt wurde, war klar: „Ich bin dabei."

Meine Erfahrungen – Wir Motorradfahrer waren nicht immer beim Konvoi, da wir alle 200 km tanken. Über weite Strecken haben wir unser eigenes Ding gemacht, was zu spontanen und intensiven Begegnungen führte. Typisch dafür der Treffpunkt in Moskau. Ich sah einen Motorradfahrer in Regenkombi und kam mit ihm – Anton – ins Gespräch. Er hatte im TV von uns erfahren. Die Antwort auf die Frage, ob wir weiter im Stau im Regen stehen wollten, war eindeutig und so fuhren wir durch heftigen Regen im Blindflug hinter ihm her. Er brachte uns in eine Gastwirtschaft, wo wir uns – bei intensiven Diskussionen auf Englisch – aufwärmten. Da nur einer von uns ein Zimmer gebucht hatte, folgten wir seiner Empfehlung und landeten in der Moskauer Biker-Meile bei Dimitri. Als Friedensfahrer erhielten wir die Zimmer zum halben Preis. Abends zogen einige mit Anton los, der sich als Chef einer IT-Firma extra drei Tage freigenommen hatte. So lernten wir zahlreiche Biker kennen, die schon weit herumgekommen waren. Erschreckend, dass sich viele von ihnen als Russen von der Weltgemeinschaft ausgeschlossen fühlen. Bei meinem Unfall am nächsten Tag, bei dem aber nichts Schlimmes passiert ist, war Anton eine enorme Hilfe. Nicht nur, dass er die Formalitäten mit der Polizei abwickelte, er sorgte noch am gleichen Abend für die Reparatur der Maschine. Der Platte am Tag darauf wurde in der Werkstatt von Pawel nicht nur sofort sondern kostenlos repariert. Der Versuch zu bezahlen wurde mit „Ach Alexandra – nein, nein – Deutschland klein, Russland groß" kommentiert. Dass wir mit den Jungs die letzte Nacht verbrachten, ist – nach diesen Erlebnissen – wohl ebenso verständlich wie der Plan, nächstes Jahr mit Anton eine Tour zu fahren.

Samira (Palästinensische Israelin, 1974, Bus)

Zum Warum – Für mich gab es viele Gründe. Ich sehe mich, egal wo ich lebe, als Akteurin, die die negativen Situationen zu positiven zu wandeln versucht. Jemand, der handelt, agiert und versteht – aber nicht leidet oder Böses tut. Wie wichtig Frieden ist, ist mir als palästinensischer Israelin sehr bewusst. Wenn es in Deutschland solche Aktionen gibt, möchte ich Teil davon sein, nachdem ich seit acht Jahren hier lebe. Ich wollte politisch engagierte und kritische Menschen kennenlernen, Menschen, die wie ich nach Lösungen suchen, die Antworten auf Fragen fordern, die ihr Unbehagen artikulieren. Wir leben in einer globalisierten Welt, was eine bessere menschliche Interaktion fördern sollte. Interaktion, die effektiver als die Medien sein könnte. Ich bin überzeugt, wenn ich den Frieden und die Demokratie in Europa fördere, unterstütze ich dabei auch den Frieden und die Demokratie-Bewegung im Nahen Osten. Daher ist, von meiner Perspektive, die friedliche und vernünftige Politik zwischen Deutschland und Russland ganz wichtig.

Meine Erfahrungen – Am meisten haben mich daher die Teilnehmer beeindruckt und die Art und Weise, wie diese die Erinnerungskultur an den Mahnmälern durchlebten. Die Kranzniederlegungen wurden ja durch uns als normale Bürger organisiert und vollzogen. Wir waren alle keine „Offiziellen", sondern nahmen an einer von uns selbst initiierten, geschichtsträchtigen Veranstaltung teil. Das zu erleben war für mich eine große Sache. Denn zum einen sind Kriege keine Lösung und zum anderen wird meine eigene Erinnerungskultur immer vernachlässigt bzw. das zugrunde liegende Narrativ bezweifelt. In Israel gelten solche Veranstaltungen immer nur den Israelis, die Geschichte der Palästinenser wird ignoriert. Das Niederlegen von Blumen, die Musik, die Feierlichkeit am ewigen Feuer galt nie meiner Historie – daher waren derartige Veranstaltungen für mich negativ besetzt. Bei der Friedensfahrt habe ich es zum ersten Mal positiv miterlebt. Als Ausdruck von Trauer, als Symbol gegen Kriege, gegen Ungerechtigkeit. Mir wurde bewusst, wie wichtig eine derartige Erinnerungskultur als Teil einer Demokratie sein kann. Zumindest, wenn man ein friedensorientiertes kollektives Gedächtnis schaffen will, das auf Wahrheit und nicht auf Propaganda setzt. Das hat mir persönlich sehr viel zum Nachdenken mitgegeben.

Florence (Französin, 1973, PKW)

Zum Warum – Wir sind zwei Jahre durch die Welt getingelt, da hatte ich Zeit zu lesen. Neben Gabriele Krone-Schmalz vermittelte mir auch Helene Carrère ein überraschendes Bild von Russland. Die plakativen Nachrichten positionieren Putin als das personifizierte Böse. Betrachtet man die NATO-Karte 1990 und heute, dehnt sich diese immer weiter aus. Wir schicken Panzer an die Grenze, wir dämonisieren die Russen. Was macht man mit uns? Putin, der nächste Feind nach Ghaddafi, Hussein und Assad? Das macht mich wütend und zutiefst traurig. Hat man kleine Kinder, wie ich, muss man sich für eine friedliche Zukunft einsetzen. Als ich jung war, hatte man Angst vor Deutschland, heute vor Russland. Putin vertritt sicher auch geopolitische Interessen. Aber mir ging es darum zu sagen: „Stopp: Schluss mit Provokation und Diffamierung. Wir wollen Frieden." Mitzufahren hieß, wir sind keine Opfer!

Meine Erfahrungen – Es gab sehr emotionale Begegnungen, die tiefe Spuren bei mir hinterlassen haben. In St. Petersburg war unser Hostel eigentlich ein Altersheim. Zunächst waren wir etwas schockiert, wo sind wir gelandet?! Aber es wurde eine unglaublich schöne Zeit mit Spaghetti und Diskussionen rund um Politik, Wirtschaft und Kultur. Wir kamen mit einigen Heimbewohnern in Kontakt, sprachen mit ihnen über ihre Zeit in Deutschland, über Goethe und deutsche Kultur. Es war alles sehr nostalgisch. Diese alten Herrschaften sagten uns aber auch deutlich, dass sie zwar nicht 100 % zufrieden mit Putin seien, er aber sehr viel Gutes für sie und Russland tun würde. In Moskau trafen wir eine Gruppe aus Tschetschenien, Dagestan, Usbekistan und Aserbeidschan. Als wir ihnen erzählten, was wir tun, haben sie uns umarmt und gesagt: „Wunderbar, ihr macht das Richtige. Die Russen sind unsere Freunde. Wir gehören zusammen." – Und das aus dem Mund von Muslimen, was mich zugegebenermaßen überraschte. Ich hatte vor der Fahrt Vorurteile gegenüber Russland: das kommunistische Land mit vermoderten Gebäuden, betrunkenen Menschen auf der Straße, feindseliger Stimmung, sturen

Beamten an den Grenzen und überall Spione. Daher: Nur nicht offen über Politik reden. Es kam aber alles anders. Kritische Stimmen waren sehr wohl zu hören – ob im Café, im Altenheim oder in den Hostels, es wurde unzensiert diskutiert. Meine Vorurteile waren eben Vor-Urteile und wurden widerlegt.

Pauline (Deutsche, 1997, Wohnmobil)
Zum Warum – Mich haben meine Eltern drauf gebracht, dabeizusein. Durch sie habe ich einen anderen Blickwinkel als andere Jugendliche. Ich mag Reisen. Geschichte fand ich immer interessant und der geschichtliche Hintergrund ist hier enorm spannend. In der Schule hatte ich immer Stress mit dem Geschichtslehrer. Der hat Sachen über Russland erzählt, die einfach nicht stimmten. Dass ich ständig widersprach und er meine Argumente nicht entkräften konnte, hat ihm nie gepasst. Dass mir im Geschichte-Leistungskurs ein Punkt zum Fachabi fehlt, ist wohl Zufall. Egal. Russland begeistert mich total. Und das Ziel der Fahrt hat für mich super gepasst. Ein Zeichen zu setzen, dass es so nicht weitergehen kann, war mir sehr wichtig.

Meine Erfahrungen – Am meisten hat mich der Empfang an der Landesgrenze zum Leningrader Oblast beeindruckt. Die WoMos waren als Erste da. Überall standen dort Leute, Autos, Polizei. Wir dachten, das kann nicht für uns sein. Dann hat uns die Polizei „reingewunken", es wurde getanzt, gesungen. Wahnsinnsstimmung! Besonders, als die russische Nationalhymne angestimmt wurde, wurde es emotional. Jeder vergoss Tränen. Ähnliches erlebten wir auch in Utorgosh. Die Stadthalle wurde für uns aufgemacht. Es kamen Einwohner und Menschen aus der Umgebung, bis mitten in die Nacht wurde gefeiert. Jeder war freundlich, obwohl sich keiner kannte. Wer kein eigenes WoMo-Bett hatte, schlief in der Schule. Dort gab es auch Abendessen und Frühstück für alle. Es war völlig selbstverständlich uns zu beköstigen. In Deutschland geben sich Menschen, die sich nicht kennen, kaum die Hand – das war für mich völlig neu. In St. Petersburg habe ich mich verliebt. Die Pracht, die Sauberkeit, die U-Bahn, in der alle 40 Sekunden ein Zug fährt – und so gepflegt. Dabei ist die Stadt wesentlich größer als Köln und Russland ärmer als Deutschland. Ja, die U-Bahnen sind teilweise alt, aber nichts ist zerkratzt, zerschnitten oder versprayt. Die Menschen haben wohl eine andere Beziehung zu ihrer Stadt. In Erinnerung bleibt mir auch der Empfang bei den Nachtwölfen. Einfach mal einen Abend nur Spaß haben, nichts Offizielles – nur feiern. Die Sänger, die mit deutscher, russischer und ukrainischer Flagge auftraten, symbolisierten genau die Völkerverständigung, wie ich sie mir wünsche.

Friedensarbeit konkret – am Beispiel Ukraine

Unterschiedlichste Unterstützung für Menschen im ukrainischen Kriegsgebiet

2014 war für viele Menschen in Deutschland und Österreich die Auseinandersetzung in und um die Ukraine Anlass auf die Straße zu gehen, um im Rahmen der Mahnwachen ein Zeichen gegen den sich abzeichnenden Krieg zu setzen. Für einige Menschen war es nicht genug, nur ein Zeichen zu setzen, sie wollten mehr tun.

Der Krieg ist seit langem brutale Realität, findet aber in den deutschsprachigen Massenmedien nicht statt. Die Mahnwachen sind fast in der Versenkung verschwunden – aber die, die sich wirklich für die Menschen in der Ukraine engagieren wollten, sind heute noch immer aktiv, teilweise sogar aktiver als noch vor drei Jahren.

Hilfsprojekte entstanden, LKW-Transporte wurden durchgeführt, zunächst meist auf privater Basis, nach und nach in gemeinnützigen Vereinen organisiert, um die formellen Anforderungen an direkte Hilfe im Land auch besser erfüllen und den Unterstützern die Verwendung der Spendengelder lückenlos belegen zu können. Aber es engagieren sich auch Menschen dafür, dass mehr Menschen über die Hintergründe und die aktuelle Lage in der Ukraine informiert werden.

Politische Hintergründe deutlich machen

Free21 – Power to the Paper – wurde

von Tommy Hansen im Umfeld der Mahnwachen „geboren" und hat sich immer wieder dafür eingesetzt, Informationen über die Ukraine an die Öffentlichkeit zu bringen. Ein Beispiel dafür ist das 2016 initiierte Projekt, das Transkript von Dr. Daniele Ganser's Vortrag „Regime-Change in der Ukraine?" auf Russisch zu übersetzen.

Ziel des Projektes war es, Aufklärung und eine neue Sichtweise auf die geschichtliche Entwicklung in der Ukraine für die Ukrainer zugänglich zu machen. Lukas Puchalski, der dafür sorgt, dass die gedruckte Version von Free21 die Öffentlichkeit erreicht, stellte das notwendige Crowdfunding dafür auf die Beine. Die übersetzte Fassung steht jetzt als Magazin online zur Verfügung, in den kommenden Tagen werden 10 000 Exemplare davon gedruckt und in der Ukraine verteilt.

Aber auch auf Deutsch erscheinen immer wieder Artikel in Free21, in denen auf die aktuelle Situation im Kriegsgebiet eingegangen wird, dieser Krieg soll und darf nicht ganz aus dem Bewusstsein der Menschen im Westen verschwinden.

Die Situation der Menschen vor Ort an die Öffentlichkeit bringen

Mark Bartalmai reiste 2014 erstmals privat in die Ukraine, um sich selbst von dem, was er in den Nachrichten hörte bzw. nicht hörte, ein Bild zu verschaffen. Die Ergebnisse seiner – inzwischen professionalisierten – Film- und Recherche-Arbeit sind in bisher zwei Filmprojekte eingeflossen, „The Ukrainian Agony" und „Frontstadt Donezk", die auf nuoviso.de als DVD bestellt werden können.

Da Mark Bartalmai speziell im zweiten Film „nur" die Position der Menschen bezieht und weder eindeutig der westlichen noch der russischen Seite zugetan ist, haben es seine Arbeiten schwer. Deutsche Massenmedien sind nicht interessiert, Kinos lassen sich kaum zur Vorführung begeistern, und auch die russische Seite hat bis vor Kurzem kein großes Interesse gezeigt. Erst beim 13. Internationalen Dokumentarfilmfestival in Sewastopol/Moskau, einem der größten Dokumentarfilm-festivals Osteuropas/Asiens (Eurasien) fand Frontstadt Donezk erstmals öffentliche Anerkennung und wurde mit dem Hauptpreis (Wladislaw-Mikosha-Preis) in der Festival-Kategorie „Kriegs- und Geschichtsdoku-mentationen" ausgezeichnet.

Weit über zwei Stunden Filmmaterial aus einem Land, das die we-nigsten hier im Westen kennen, berichten von Menschen und ihren ganz konkreten Lebenssituationen aus einem Kriegsgebiet, aus einer Lebens-normalität, die für viele fremd ist. Es sind nicht nur traurige Geschichten, wie man bei einer Berichterstattung aus einem Kriegsgebiet erwarten würde.

Viele der Geschichten machen aber offensichtlich, wie wichtig Un-terstützung für die Menschen im Land ist, wobei Mark Bartalmai im persönlichen Gespräch betont, wie bedeutsam aus seiner Sicht insbeson-ders die strukturelle Hilfe ist. Klassischen Hilfstransporten steht er in-zwischen kritisch gegenüber, obwohl er in der Anfangsphase 2014 bei Hilfslieferungen unterstützend mitgewirkt hat:

„Es gibt dort alles zu kaufen, es kann es sich nur keiner leisten. Und man darf den Menschen nicht die Arbeit nehmen, indem Güter, die im Land produziert werden, kostenlos von außen geliefert werden. Entscheidend ist es daher, den Volksrepubliken Donezk und Lugansk strukturell zu helfen. Das Land darf nicht dauerhaft auf Hilfslieferungen angewiesen sein. Eine Volkswirtschaft kann nur erfolgreich aufgebaut werden, wenn produziert und gekauft wird. Der Verkauf von Produkten aus dem Don-bass in die Ukraine ist verboten. Es gibt nahezu keinen Güteraustausch zwischen der West- und der Ostukraine. Russland tut vieles durch die humanitären Konvois. Sie leisten Hilfe für öffentliche Einrichtungen, liefern aber keine Pakete für Einzelne, sondern Rohmaterialien wie

Baumaterial oder Rohgüter für die Nahrungsmittelherstellung, strukturelle Hilfe eben. Es herrscht inzwischen auch ein reger Import von russischen Gütern gegen Geld oder Waren aus den Republiken. Die Republiken pflegen mit Russland einen fast normalen Handel."

Durch seine langen Aufenthalte in Donezk und Umgebung – seit 2014 war Mark Bartalmai mehr als 24 Monate vor Ort und lebt in Donezk in einer eigenen kleinen Wohnung – kennt er die Situation in der Ostukraine sehr gut, auch wenn er immer wieder betont, dass es sich um seine persönlichen, subjektiven Eindrücke handelt. Diese werden aber von anderen immer wieder bestätigt.

Das Leben in der Ostukraine hat enorm viele Facetten. Während im Zentrum der Stadt Donezk fast Normalität herrscht – wie der Film Frontstadt Donezk überzeugend dokumentiert – ist das Leben am Stadtrand und noch viel mehr am Land, insbesondere in der Nähe der Frontlinie, unerträglich und tragisch besonders für ältere Menschen und für die Kinder, die noch nicht begreifen, was in ihrer Umgebung eigentlich vorgeht.

In der Nähe der Frontlinie ist der Krieg ständig an der Tagesordnung. Minsk 2, das Abkommen für einen Frieden in der Ukraine, wird nicht eingehalten. Die Kriegsparteien weisen einander ebenso regelmäßig gegenseitig die Schuld zu, wie Menschen deswegen sterben und die Infrastruktur weiter zerstört wird.

Ohne eine Antwort auf die Schuldfrage zu kennen, ist eines auf jeden Fall sicher: Humanitäre Hilfe ist weiterhin vonnöten und gibt den Menschen im Westen die Möglichkeit, etwas Konkretes für die Opfer des Krieges zu tun. Um die Probleme, die mit humanitären Hilfsprojekten in Krisengebieten verbunden sind, in den Griff zu bekommen, wird seit Herbst 2016 nur noch anerkannten Hilfsorganisationen die Durchführung gestattet. Damit stellen die politisch Verantwortlichen in den Republiken sicher, dass Unterstützung wirklich Menschen zugute kommt, die sie benötigen, und nicht auf dem Schwarzmarkt landet.

Ein Vorgehen, das Mark Bartalmai ausdrücklich begrüßt: „Ich finde es gut, wenn Menschen sich engagieren wollen, solange die Hilfe wirklich nützlich ist. Spendenaufrufe bei uns führen ja auch dazu, dass die Öffentlichkeit auf die Zustände in den Republiken aufmerksam gemacht wird. Wenn man Geld oder ausgewählte Güter wie Medizintechnik sammelt, kommt man mit Menschen ins Gespräch, die sonst keinen Bezug zur Ukraine haben. So schafft man das Bewusstsein, dass dort immer noch Krieg herrscht, der ja in den Medien sonst keinen Platz mehr findet."

Im Folgenden einige Beispiele von Menschen bzw. Organisationen, die aktive Hilfe in der Ukraine leisten. Es sind Menschen „wie du und ich", „nur" Menschen, die dem Unrecht nicht untätig zuschauen wollen und deshalb handeln.

be the change e.V.

Björn und Germaid von be the change e.V. gehörten mit zu den Aktivisten, die im Rahmen des „Mahnwachen Helfen"-Projektes bereits 2014 mit 42 Tonnen Hilfsgütern in die Ukraine gefahren sind. Winterkleidung, Kindersachen und Lebensmittel – es gab in der Anfangsphase der kriegerischen Auseinandersetzung viele Binnenflüchtlinge, die alles brauchen konnten. Damals gab es die unabhängigen Volksrepubliken noch nicht. Sie begleiteten den Transport mit ihrem Wohnmobil, um auch aktiv selbst dazu beizutragen, die Schranken in den Köpfen und Herzen der Menschen zu durchbrechen. Sie wollen selbst Teil der Veränderung sein, wie Gandhi es vorschlug.

Im Raum Nepal leisteten die beiden nach dem verheerenden Erdbeben vom 25. April 2015 humanitäre Hilfe und gründeten den gemeinnützigen Verein be the change e.V., um die Hilfsaktionen auf rechtlich korrekte Füße zu stellen. Seitdem unterstützt man dort die verschiedensten

Hilfsprojekte. In Deutschland ist der Verein sozial und kulturell aktiv durch das Organisieren von Hilfsgütertransporten nach Osteuropa, im Speziellen für ukrainische Kriegsflüchtlinge, sowie durch Konzerte und Benefiz-Alben.

Björn erzählt: *„Sei der Wandel" ist Name und Slogan unseres Vereins. Die Welt eines friedlichen und sozialen Miteinanders bedingt sich durch unser Handeln und unsere Bereitschaft JETZT zu leben. Ob im Kleinen oder im Großen, wir haben die Kraft der Veränderung, indem wir den Hilfebedürftigen eine Hand reichen und somit menschliche Brücken aus Verständnis und Liebe bauen. Wir helfen Menschen, uns ist die Politik gleichgültig. Wir haben auch den Menschen im Westen der Ukraine geholfen, wurden dafür aber entsprechend angefeindet. Wir sagen nicht, das ist gut und das ist böse. Wir zeigen auf, wo Hilfe nötig ist, und leben vor, dass man etwas tun kann. Wir sprechen mit den Menschen vor Ort und zeigen die Geschichten der Betroffenen wiederum bei uns zu Hause. So wollen wir auch die Mauer des Schweigens seitens der Medien unterbrechen. "*

Als 2016 dem Verein 200 Betten angeboten wurden, war sofort klar, dass man diese in den Donbass bringen wollte, eine Aufgabe, die sich in der Umsetzung als Herausforderung erwies. Man brauchte ein anerkanntes Transportunternehmen, musste sämtliche Zollbestimmungen erfüllen und die Grenzblockade der West-Ukraine über Rostow am Don in Russland umfahren. Die beiden Aktivisten schauten sich vor Ort selbst mehrere Einrichtungen an und entschieden dann, die Betten einem Sanatorium für traumatisierte Kinder zur Verfügung zu stellen, in dem Kinder auf Staatskosten leben können.

„Auch wenn wir wie alle anderen Hilfsprojekte seitens der Behörden sehr genau kontrolliert wurden: Nachdem die Problematik der anerkannten Organisation geklärt war, verlief die Zusammenarbeit mit den staatlichen Stellen sehr gut. Wir konnten uns frei bewegen, Interviews mit den Menschen vor Ort führen, Videos und uns selbst von der Situation im Land ein Bild machen. Die Informationsblockade muss durchbrochen werden, mehr Menschen müssen wissen, was in der Ost-Ukraine wirklich passiert."

Beide brachten von diesen Ukraine-Reisen sehr viele persönliche Impressionen und Erfahrungen mit, die ihnen bestätigten, wie wichtig es ist, derartige Zeichen zu setzen und weiterzumachen. Die nächsten Projekte für die Ukraine sind bereits in der Planung – ein weiterer Transport für Krankenhausbetten ist in Vorbereitung. Es ist eben alles eine Geldfrage, darum freuen sich Björn und Germaid über helfende Hände, aktive Mitglieder im Verein und natürlich auch über Spenden.

Mehr Informationen findet man auf btcev.de.

Friedensbrücke – Kriegsopferhilfe e.V.

Die Friedensbrücke ist ein gemeinnütziger Verein, der nicht nur, aber vor allen Dingen in der Ostukraine hilft. Der Verein gehört zu den wenigen ausländischen Hilfsorganisationen, die von der dortigen Regierung anerkannt wurden.

Seit 2015 unterstützt die „Friedensbrücke – Kriegsopferhilfe e.V." die Menschen im Donbass, ein engagierter Verein, der als spontane Idee auf einer Moskaureise entstanden ist. Im Mai 2015 fuhr eine kleine Gruppe Menschen zu den Feierlichkeiten zum 9. Mai nach Moskau, um dort ein Zeichen zum 70. Jahrestag der Niederschlagung des Faschismus in Deutschland zu setzen. Man erfuhr von Hilfsaktionen der russischen

Bürger für die Menschen im Donbass, denn dort waren bereits Opfer eines Krieges zu beklagen. Es sterben und leiden Menschen. Denen muss geholfen werden. Der Gedanke war geboren: *„Wir gründen einen Verein, der den Opfern von Krieg Linderung bringt, der ihnen Aufmerksamkeit schenkt, das Gefühl, nicht vergessen zu sein, Hoffnung! Hilfe vor Ort! Nicht hier oder irgendwo, sondern dort, wo der Krieg lebt und die Menschen sterben. Wir wollen Brücken bauen in den Frieden!"*

Man nutzte die Kontakte zu russischen Hilfsaktionen und fing an, gründete am 18. 06. 2015 den Verein „Friedensbrücke – Kriegsopferhilfe" und begann Geld zu sammeln, um die russischen Freunde in ihrer Arbeit zu unterstützen und das erste Projekt, das „Friedenscamp", aufzubauen. Während man zunächst noch Hilfstransporte von Deutschland aus organisierte, ging man sehr früh dazu über, sich die Waren weitestgehend vor Ort zu beschaffen, um damit für Kaufkraft im Land selbst zu sorgen. Eine der Grundvoraussetzungen für den Verein war von Anfang an die enge Zusammenarbeit mit den Behörden, um Korruption und Missbrauch von vornherein auszuschließen. Man erhält seitens der Stadtverwaltung oder der Bürgermeister Listen, wo Hilfe am nötigsten ist, und hilft gezielt.

Immer wieder selbst vor Ort informieren sich Vertreter des Vereins über die Situation in den unter Beschuss der ukrainischen Armee liegenden Gebiete, überbringen Hilfsgüter für soziale Einrichtungen, sprechen mit offiziellen Vertretern. Aber auch wenn man nicht vor Ort ist, über Internet und Skype wird täglich Kontakt aufgenommen. Man informiert sich über die Situation im Land, die nicht besser wird, kümmert sich um die Volontäre und Unterstützer, koordiniert die vielfältigen Hilfsmaßnahmen, pflegt Kontakte mit Behörden und Ministerien. Es gibt immer etwas zu tun.

Die Friedensbrücke sorgt auf vielfältigste Art und Weise für Hilfe vor Ort. Man organisiert und finanziert Friedenscamps für Kinder, die Evakuierung von Kindern und Müttern, Sanatoriumsaufenthalte, Weihnachts- und Schulaktionen, die Versorgung von Menschen in Altenheimen, Waisenhäusern und Flüchtlingsheimen, Bereitstellung von Medikamenten und Lebensmitteln für bedürftige Menschen. Unterstützt werden aber auch Mal- und Bastelwettbewerbe oder Sport- und Kulturveranstaltungen, Kinderfeste und auch der Fußballverein sowie das Boxteam von Gorlovka.

Das Geld kommt durch Aufrufe, Flyer und Infoabende, sowie Schreiben an Stiftungen, Parteien und Organisationen zusammen. Auch Ausstellungen und Aktionen wie der Verkauf von Bildern, die Kinder aus dem Donbass gemalt haben, sorgen für den regelmäßigen Eingang von Spenden. Außerdem sind die Aktiven auf fast jeder Friedensdemonstration mit dabei. Es ist eine enorm aufwendige Arbeit und setzt sehr viel Herzblut der Beteiligten voraus. Dieses ist aber spürbar vorhanden, wenn man die Homepage und die fast tägliche Berichterstattung auf Facebook verfolgt.

Eines der typischen Projekte ist „78 Paar Kinderschuhe für Saizewo" – konkret, greifbar und für die Spender nachvollziehbar. Direkt an der Frontlinie lebten im März 2017 noch ca. 2 000 Menschen, darunter 175 Kinder in Saizewo. Durch die Bürgermeisterin wurde eine Liste der benötigten Schuhe erstellt, 78 Paar für je ca. 400 Rubel machten bei einem Kurs von 1:58 rund 540 Euro erforderlich.

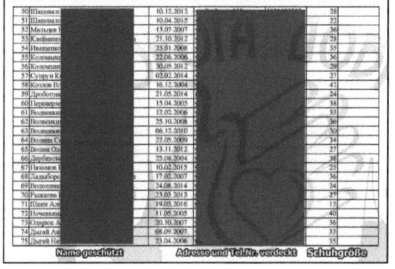

Die Friedensbrücke rief über ihre Webseite und Facebook zu Spenden auf und in kurzer Zeit war der notwendige Betrag beisammen. Die Spender werden vom Verein dabei ebenso öffentlich dokumentiert wie die Ausgaben – als gemeinnütziger Verein ist man gegenüber Behörden und Finanzamt sowieso rechenschaftspflichtig,

aber Professionalität und Transparenz für alle sind für die Aktiven von enormer Bedeutung.

Für die Zukunft hat Liane Kilinc, Vorsitzende und Gründungsmitglied, einen ganz klaren Wunsch: *„Unser aller größter Wunsch ist es, dass wir nicht mehr gebraucht werden! Dass unsere Hilfe überflüssig wird! Bis dahin ist es ein scheinbar unendlich langer Weg. Wir sind bereit ihn zu gehen, weil wir an die Brücken in den Frieden glauben! Weil auch die Sehnsucht nach einem Leben in Frieden unsterblich ist! Wir machen es einfach! Wer mehr über unsere Arbeit, die alle Aktivisten nach ihrem Arbeitstag leisten, wissen möchte, wer uns mit seiner Hände Arbeit helfen möchte: Schreiben Sie uns an! Rufen Sie uns an! Es gibt viel zu tun!"*

Wer mitarbeiten möchte: fbko.org

Humanbataillon Donbass

Das Humanbataillon Donbass ist eine Privatinitiative einzelner Menschen, die sich im Rahmen einer Facebook-Gruppe organisiert haben. Diese Gruppe dient dazu, gezielt Hilfe – für die Menschen in Not im Donbass – zu koordinieren und will nicht politisch agieren.

Hilfe zur Selbsthilfe und direkt Hilfe für Menschen in bitterer Not – so lassen sich die Projekte der Organisatoren am besten beschreiben, die eng mit der Friedensbrücke zusammenarbeiten. Durch direkte Kontakte vor Ort ist sichergestellt, dass die Hilfe auch ankommt, jedes Projekt wird ausführlich dokumentiert. Beispielhaft für die Projekte des Humanbataillons sind die Aktionen wie „Küken für die Ukraine", „Saatgut für die Ukraine" oder „Brillen für die Ukraine".

Initiiert wurde „Brillen für die Ukraine" von Harda aus Köln, die bis 2014 nie politisch aktiv war. *„Als der Krieg nach Europa kam, konnte ich nicht stillsitzen und nichts tun. Ich habe mich immer an Spendenaktionen beteiligt, wo direkte Kontakte ins Land bestanden. Geld sammeln, vor Ort Küken und Hähne kaufen und diese an Familien verteilen und großziehen ist konkrete Hilfe. Ich beobachte sehr intensiv, was in der Ukraine passiert, und irgendwann fiel mir auf, dass in den Videos oder Fotos fast keiner eine Brille trägt, auch die ganz alten Menschen nicht. Da wurde mir bewusst, dass sich viele einfach keine Brillen leisten kön-*

nen. Bei uns gibt es viele Menschen, die helfen wollen, aber selbst kein Geld haben. Da kam mir die Idee mit den gebrauchten Brillen, denn fast jeder Brillenträger hat sowas zuhause rumliegen. Und die Resonanz auf die Idee war überwältigend. Gut 1 500 Stück sind zusammengekommen – und nachdem wir mit Unterstützung der Friedensbrücke die Transport- und Zollprobleme lösen konnten, wird in der Ostukraine dafür gesorgt, dass diese von Augenärzten an bedürftige Menschen verteilt werden. Viele Menschen haben mich beim Sammeln unterstützt. Und vielen wurde dadurch erst bewusst, wie kritisch die Situation in der Ostukraine heute ist. Eine Standard-Lesebrille gibt es bei uns im Supermarkt für ein paar Euro. Für ältere Menschen meist unverzichtbar – aber wenn diese in der Nähe der Front leben, haben sie keine Chance sich so etwas zu beschaffen. Es ist vielleicht nur eine Kleinigkeit – aber hier kann sich fast jeder beteiligen. Und den Menschen ist geholfen."

Zum 9. Mai wurde vom Humanbataillon Donbass (**Гуманитарный Батальон Донбасс**) und Friedensbrücke – Kriegsopferhilfe e.V. gemeinsam eine Sammelaktion für die nur noch sehr wenigen russischen Kriegsveteranen im Donbass, die noch am Leben sind, gestartet. Auch den Kindern des Zweiten Weltkrieges wollte man mit einem Geschenk zum für Russen sehr wichtigen Tag gratulieren. Die meisten sind weit über 70 Jahre alt und müssen den zweiten schlimmen Krieg im Donbass erleben. Gesammelt wurde für ein „festliches Lebensmittelpaket" – mit einer Torte sowie Nudeln, Reis, Mehl, Hirse, Buchweizen, Butter, Zucker, Tee, einer Fisch- oder Fleischkonserve, Waschpulver, Shampoo – die Kosten betrugen 11,30 Euro. Die Lebensmittelpakete wurden

von den Verantwortlichen gleichzeitig in der Lugansker und Donezker Republik verteilt. Dass die Geschenke zum 9. Mai die Kriegsveteranen erst verspätet erreicht haben, hat niemanden gestört. Die Menschen waren gerührt und dankbar, dass man an sie denkt.

Weitere Informationen zum Humanbataillon Donbass findet man unter facebook.com/groups/333931053469262. Dank der Zusammenarbeit mit der Friedensbrücke sind Spenden an die Projekte auch steuerlich absetzbar.

Aktionsbündnis Zukunft Donbass

Für Dr. Raissa Steinigk aus Thüringen war die Entwicklung in ihrer alten Heimat eine Katastrophe. Die gebürtige West-Ukrainerin hatte 1973 einen Studenten aus der DDR geheiratet und verließ Kiew nach Studienende Richtung Erfurt. Den Bezug zum Land hat sie aber nie verloren, so war sie zwischen 2000 und 2014 in zwei Firmen „Krimkonsult International GmbH und „Ukraine-Beratung und Projektmanagement" tätig. Als 2014 die Unruhen begannen, konnte sie sich vom Fernseher nicht mehr losreißen, verfolgte sowohl das russische als auch das ukrainische Fernsehen, informierte sich aus erster Hand bei ihren Verwandten und konnte nicht glauben, was sie alles erfuhr. Am Anfang war sie völlig verzweifelt, nicht zuletzt auch deshalb, weil sie mit ansehen musste, wie die Menschen durch die Propaganda in den Krieg getrieben wurden – und niemand im Westen darauf reagierte. 2016 entschied sie sich, nicht länger zuzuschauen sondern zu handeln. Auf ihre Initiative entstand das Aktionsbündnis Zukunft Donbass, eine Initiative von Vereinen, Firmen, Initiativgruppen, Gewerkschaften, Parteien, Kirchen und Privatpersonen, darunter Ourchild e.V., die Maria Pawlowna Gesellschaft e.V., Diakonie Mitteldeutschland „Hoffnung für Osteuropa" e.V., etc.

„Als gebürtige Ukrainerin habe ich das alles natürlich sehr persönlich genommen. Und musste auch persönlich etwas tun. Da kam mir die Idee mit den medizinischen Geräten. In unserer westlichen Wohlstandsgesellschaft werden diese wegen behördlichen Auflagen und Versicherungsfragen nicht mehr eingesetzt, in den Krankenhäusern in Lugansk werden sie dringend gebraucht. Ich habe mir Unterstützung gesucht,

begann Krankenhäuser, Arztpraxen und Firmen für medizinische Hilfsmittel anzuschreiben und habe sehr viel positive Rückmeldung erhalten. Wir versorgen zwei Kliniken direkt mit medizinischem Mobiliar, Geräten und Material. Es handelt sich um das 1. Städtische Krankenhaus in Lugansk sowie das Stadtkrankenhaus in Pervomaisk. Diese Stadt liegt direkt an der Frontlinie und ist besonders betroffen, da bei den Kampfhandlungen 2014 und 2015 die städtische Infrastruktur bevorzugtes Ziel der Raketenangriffe war. Inzwischen ist es uns gelungen, sechs LKW in die Gebiete zu schicken. Darunter auch 40 Krankenhausbetten, die bei uns ausgemustert wurden, aber noch in gutem Zustand waren. Es wird aber leider aufgrund der anhaltenden Kriegshandlungen immer schwieriger, Transportfirmen zu finden, die bereit sind, das Risiko einzugehen und die Spenden direkt nach Pervomaisk zu bringen."

Das Aktionsbündnis arbeitet wie alle anderen mit einer vor Ort akkreditierten Hilfsorganisation zusammen, die die Abwicklung dokumentiert und sich von den Empfängern schriftlich bestätigen lässt. Trotzdem kontrolliert man die Verteilung der Spenden auch selbst. Da Dr. Steinigk die Landessprache perfekt beherrscht, kann sie jederzeit einfach zum Telefon greifen und nachfragen.

„Auch wenn sich unsere Geräte nicht für den Schwarzmarkt eignen, wir wollen einfach im Sinne unserer Spender sichergehen, dass alles korrekt verläuft. Wie wichtig allein die Verfügbarkeit guter Krankenhausbetten ist, habe ich aufgrund einer Krankheit jetzt am eigenen Leib erfahren müssen. Für mich ein klares Zeichen weiterzumachen."

Das aktuelle Projekt, die Beschaffung einer Hebebühne, wurde direkt von der Verwaltung der staatlichen Einrichtung „Luganser republikanisches Zent-

rum für Erste med. Hilfe und Katastrophenschutz" angefragt. Direktor D. S. Parchomtschuk bat sie um humanitäre Hilfe in Form einer hydraulischen Hebebühne für Service- und Reparaturarbeiten von Krankenwagen mit einer Hebeleistung von nicht weniger als 4 400 kg.

Nachdem man auf eBay fündig geworden ist und der Verkäufer für das Hilfsprojekt sogar eine großzügigen Spende in Form eines Rabatts einräumte, muss jetzt die Finanzierung gesichert werden. Es werden erneut Spender zur Finanzierung gesucht, aber Dr. Steinigk ist überzeugt, dass sie die Summe zusammenbekommen werden.

Information zum Aktionsbündnis – und natürlich auch die Möglichkeit, sich an der Finanzierung des Hebebühnenprojektes zu beteiligen, findet man unter zukunftdonbass.org.

Es gibt sicher noch weitere Organisationen und Menschen, die vor Ort helfen. Deren Arbeit und Engagement soll nicht geschmälert werden, nur weil sie der Autorin dieses Artikels nicht bekannt sind.

Es sind aber immer noch viel zu wenige und insbesondere die offiziellen Organisationen lassen bei ihrer Unterstützung östlich der Frontlinie einiges zu wünschen übrig. Manche unterstützen die Hilfe auch nicht, weil es sich um „pro-russische Separatisten" handele. Denjenigen sei gesagt, dass es immer und überall die Zivilisten sind, die unter dem Krieg leiden. Diesen Menschen zu helfen ist einfach eine Frage der Menschlichkeit, nicht der Politik.

Ein persönliches Ende

Vielleicht ist dem einen oder der anderen aufgefallen, dass in diesem Buch ungewöhnlich viele Frauen zu Worte kommen, nachdem in der Friedensbewegung normalerweise hauptsächlich Männer zu sehen sind. Das hat mehrere Gründe.

Frauen stehen sehr viel häufiger in der zweiten Reihe, drängen sich vielfach nicht so gerne in den Vordergrund oder präsentieren sich in Selfies. Sie sind sehr oft die „fleißigen Arbeitsbienen" im Hintergrund, ohne deren Engagement die meisten Projekte wohl scheitern würden. Und da hier die unbekannteren Aktivisten Beispiel geben durch ihr Handeln, ist der Frauenanteil entsprechend hoch.

Als die Planung des Buches abgeschlossen war, habe ich – angeregt durch eine Diskussion – einfach die Anzahl männlicher und weiblicher Protagonisten gezählt und kam auf 27 Männer und 25 Frauen. Es war mir ein Leichtes, durch drei Telefonate das Verhältnis auf 27 Männer zu 28 Frauen umzukehren. Ich kenne ja sehr viele weibliche Akteure.

Das war zwar noch ein bisschen mehr Arbeit, musste aber einfach sein – ich hoffe, das ist mir als Frau verziehen. Die Zahl der an diesem Projekt Mitarbeitenden ist übrigens ausgewogen. So soll es ja sein. ☺

Und noch etwas ganz Persönliches: Vor zehn Jahren sagte ich zu einem Bekannten, dass wir uns beide wohl damit abfinden müssten, weder Che Guevara noch Goethe geworden zu sein. Jetzt, nach Fertigstellung dieses Buches, muss ich sagen: Ein ganz klein bisschen Che und ein klitzekleines bisschen Goethe steckt irgendwie zwischen diesen Seiten. Man muss sich mit gar nichts abfinden. Schon gar nicht mit Krieg!